C.H.BECK ■ WISSEN

akgimages

Nehmen Sie sich im Sinne Goethes zwei Stunden Zeit für diesen kleinen, kompakten, faktengesättigten und allgemeinverständlichen Grundkurs in Sachen Weltgeschichte! Er begleitet Sie freilich nicht nur 3000, sondern 5000 Jahre in die Vergangenheit, und zwar bis zu dem Zeitpunkt, da mit dem Aufkommen der Schrift die eigentliche Epoche der Geschichte beginnt. Ein verantwortungsvoll ausgewählter Datenbestand bringt Ihnen die wichtigsten Weg- und Wendemarken der Ereignis- und Kulturgeschichte der Menschheit wieder in Erinnerung. Zahlreiche, ganz überwiegend farbige Abbildungen veranschaulichen bestimmte Ereignisse oder rücken bedeutende historische Einzelpersönlichkeiten ins Licht. Natürlich mag es sein, dass Sie vielleicht ein Datum vermissen oder aber ein Eintrag Ihnen weniger bedeutend erscheint, als dass er in den vorliegenden Band hätte aufgenommen werden müssen; aber aufs Ganze gesehen wird man kaum jenen geschichtlichen Prozessen, historischen Geschehnissen oder Individuen, die in diesem Vademecum Erwähnung finden, ihren herausragenden Platz in der Geschichte bestreiten können. Ob Sie nun gezielt etwas nachschlagen oder einfach nur ein wenig ‹in der Weltgeschichte blättern› wollen – in jedem Fall erhalten Sie in diesem Band Informationen und viele Anregungen, sich mit einem der spannendsten Themen der Menschheit auseinanderzusetzen, der Geschichte.

Der Autor, *Klaus-Jürgen Matz*, geb. 1949 in Rendsburg (Holstein), ist Professor i. R. für Neuere Geschichte an der Universität Mannheim.

Klaus-Jürgen Matz

DIE 1000 WICHTIGSTEN DATEN DER WELTGESCHICHTE

C.H.Beck

Der Verlag C.H.Beck dankt dem Archiv für Kunst und Geschichte (akg-images), Berlin, für die freundliche und kompetente Unterstützung bei der Suche nach geeignetem Bildmaterial und für die Ausstattung dieses Bandes mit 42 Abbildungen im Text sowie vier Umschlagmotiven.

1. Auflage. 2000
2., durchgesehene Auflage. 2002
3., durchgesehene und aktualisierte Auflage. 2004
4., durchgesehene und aktualisierte Auflage. 2006
5., aktualisierte Auflage. 2013
6., durchgesehene und aktualisierte Auflage. 2019

7., durchgesehene Auflage. 2020

Originalausgabe
© Verlag C.H.Beck oHG, München 2000
www.chbeck.de
© für alle Abbildungen: akg-images
Satz: Fotosatz Amann, Memmingen
Druck und Bindung: CPI – Ebner & Spiegel, Ulm
Reihengestaltung Umschlag: Uwe Göbel (Original 1995, mit Logo),
Marion Blomeyer (Überarbeitung 2018)
Umschlagabbildungen: (von o. r. nach u. l.): 1. Goldmaske des
Tutanchamun, ägypt. König um 1346–1337 v. Chr.,
2. Leonardo da Vinci: «Mona Lisa», um 1503, 3. François Gerard:
Napoleon I. Bonaparte, 1805, 4. Astronaut Piers Sellers,
Shuttlemission STS-121, 2006
Printed in Germany
ISBN 978 3 406 73602 5

myclimate
klimaneutral produziert
www.chbeck.de/nachhaltig

Vorwort

Das vorliegende Bändchen geht auf eine Anregung des Verlags zurück. Heutigem Bedürfnis entsprechend, ist es ein Versuch, auf engstem Raum wesentliche Ereignisse der Weltgeschichte zu rekapitulieren. Die vorgegebene – nur durch ihre «Rundheit» einleuchtende, aber natürlich doch willkürliche – Zahl 1000 zwang dabei zu strengster Beschränkung. Dass ein solcher Versuch in jeder Hinsicht problematisch ist, versteht sich von selbst. Mehr als die Anregung, über Kriterien nachzudenken, die Wichtiges von weniger Wichtigem scheiden, kann er eigentlich nicht sein. Als Leitlinie diente hier, vor allem Anfang und Ende von Entwicklungen zu bezeichnen und darüber hinaus jene Punkte zu markieren, an denen historische Prozesse ihren jeweiligen Höhe- oder Tiefpunkt erreichten.

Ist schon die Auswahl von Ereignissen der traditionellen politischen Ereignisgeschichte, die in der vorliegenden Zusammenstellung naturgemäß im Vordergrund steht, in ihrer generellen Zeitbedingtheit und ihrer Abhängigkeit von Interessen und Präferenzen und nicht zuletzt auch den Kenntnissen des Kompilators in hohem Maße subjektiv, so gilt dies erst recht für solche Daten, die Entwicklungen der menschlichen Kultur im weitesten Sinne dokumentieren sollen. Darüber hinaus sind viele der hier berücksichtigten Kulturleistungen schon allein deshalb angreifbar, als sie oft auf älteren Erkenntnissen beruhten oder umgekehrt erst später (in manchen Fällen sogar sehr viel später) als entscheidende Wegmarken erkannt wurden und praktische Bedeutung für das menschliche Leben erlangten. Mit Rücksicht darauf und wegen der rasanten Fortschritte und extremen Differenzierung – insbesondere bei Naturwissenschaft und Technik – wurde auf Einträge aus dem nichtpolitischen Bereich für die Zeit nach 1945 fast ganz verzichtet.

In einer Zeit ungeheurer Beschleunigung und nie gekannter medialer Vermarktung, in der fast kein Tag vergeht, der nicht von irgendeiner Seite «historisch» genannt wird, hätte es nahegelegen, die jüngste Vergangenheit in besonderem Maße zu berücksichtigen. Darauf wurde bewusst verzichtet und also das 20. Jahrhundert auf weltgeschichtliche Proportionen «zurückgestutzt». Ob dabei eine Auswahl getroffen wurde, die länger Bestand haben wird, muss künftige Erfahrung erst lehren.

In gewisser Weise ist dieses Büchlein eurozentrisch. Es trägt damit der Tatsache Rechnung, dass die europäische Zivilisation im Verlauf der letzten 500 Jahre, insbesondere aber seit der industriellen Revolution schlechthin bestimmende Weltgeltung erlangt hat. Trotzdem wurde versucht, auch außereuropäische Zivilisationen angemessen zu berücksichtigen – auch und gerade weil von ihnen (jedenfalls in den meisten Fällen) keine für die gesamte Menschheit Geltung beanspruchenden Heilslehren ausgingen und der Primat der Ökonomie hier nirgendwo jene Unbedingtheit erlangte wie im Abendland und seinen Dependancen im Verlauf der beiden letzten Jahrhunderte.

Zu danken habe ich wiederum Herrn Dr. Stefan von der Lahr vom Verlag C.H.Beck und seinem Team für die reibungslose und verständnisvolle Kooperation – auch bei der Bildauswahl. Herr Michael Schollenberger M.A. (Speyer) half bei der Korrektur; auch ihm sei herzlich gedankt.

Im April 2006, K.-J. M.

Vorwort zur 6. Auflage

Für die Neuauflage wurde der Text gründlich durchgesehen und bis zur Gegenwart fortgeführt. Offensichtliche Fehler, missverständliche Formulierungen und Ungenauigkeiten wurden dabei korrigiert, neue Erkenntnisse so weit möglich eingearbeitet. Ein neuer Umbruch gestattete es, die in der vorangegangenen und der vorliegenden Auflage neu aufgenommenen Daten nach längerer Abwägung durch Streichungen an anderer Stelle auszugleichen. Das Bändchen enthält somit seinem Titel entsprechend exakt 1000 Daten.

Im März 2019, K.-J. M.

Die 1000 wichtigsten Daten der Weltgeschichte

um 3100 v. Chr. Die *Sumerer*, ein Volk unbekannter Herkunft, bilden im Süden Mesopotamiens – dem Land an Euphrat und Tigris – erste Stadtstaaten. Sie entwickeln mit der *Keilschrift*, die bald im gesamten Vorderen Orient Verbreitung findet, die erste Schrift überhaupt.

vor 3000 v. Chr. In Europa und im Vorderen Orient wird – wahrscheinlich voneinander unabhängig – das Rad erfunden.

um 3000 v. Chr. Mit dem legendären Pharao Menes (= Narmer? oder Aha?) beginnt die überlieferte ägyptische Königsliste. Ägypten ist der erste Großstaat der Geschichte, der ganz auf Schriftlichkeit basiert. Wegen des Jenseitsglaubens seiner Bewohner entstehen hier die großartigsten Zeugnisse aller alten Kulturen, die erhalten sind.

Keilschrift auf einer Tontafel (um 2400 v. Chr.).

um 2657 v. Chr. Mit dem Regierungsantritt der *III. Dynastie*, der u. a. Djoser (2640–2620 v. Chr.) – der Erbauer der Stufenpyramide von Sakkara – angehört, beginnt in Ägypten das *Alte Reich* (bis 2120 v. Chr.).

um 2589 v. Chr. Snofru († 2554 v. Chr.) begründet die *IV. Dynastie* in Ägypten, der unter u. a. die Pharaonen Cheops, Chephren und Mykerinos (regieren zwischen 2554 und 2461 v. Chr.) – die Erbauer der Pyramiden von Gizeh – entstammen.

um 2370 v. Chr. Sargon der Große († 2316 v. Chr.) begründet das erste semitische Großreich in Mesopotamien, das *Reich von Akkad(e)*. Es wird um 2190 v. Chr. durch die *Gutäer* zerstört.

um 2046 v. Chr. Pharao Menthotpe II. (*XI. Dynastie*) begründet das *Mittlere Reich* in Ägypten mit der Hauptstadt Theben; es erreicht unter der *XII. Dynastie* (1976–1794/93 v. Chr.) den Höhepunkt seiner Machtentfaltung.

um 1850 v. Chr. In Mesopotamien entsteht das *Gilgameš-Epos* nach älteren (sumerischen) Vorläufern als erstes Großepos der Weltliteratur in babylonischer Sprache. Seine kanonische Form als *Zwölftafel-Epos* erhält es jedoch erst im letzten Drittel des 2. vorchristlichen Jahrtausends.

1813 v. Chr. (bzw. nach dem Ansatz der «kurzen» Chronologie 1749 v. Chr.) Šamši-Adad I. († 1781 bzw. 1717 v. Chr.) tritt die Regierung an. Er gilt als Begründer des *Assyrischen Reiches* mit dem Zentrum im nördlichen Mesopotamien.

1792 v. Chr. (bzw. nach dem Ansatz der «kurzen» Chronologie 1728 v. Chr.) Hammurabi – besonders bekannt wegen seiner 1902 gefundenen Gesetzessammlung (*Codex Hammurabi*) – tritt die Regierung an. Unter seiner Herrschaft (bis 1750 v. Chr. bzw. 1686 v. Chr.) erreicht das *Altbabylonische Reich* mit dem Zentrum im zentralen Mesopotamien den Gipfel seiner Macht.

1766 v. Chr. Gemäß einer erst später fixierten Tradition tritt in China die erste archäologisch nachweisbare Dynastie (*Shang*) ihre bis 1122 v. Chr. andauernde Herrschaft an. In ihrer Zeit entsteht die erste chinesische Schrift.

um 1650 v. Chr. Mit dem Einfall der «großen Hyksos», die für ihre Streitwagen erstmals Speichenräder verwenden, endet das *Mittlere Reich* in Ägypten.

1550 v. Chr. Pharao Amose († 1525 v. Chr.), Begründer der *XVIII. Dynastie* – der bedeutendsten der ägyptischen Geschichte – gründet das *Neue Reich*.

1468 v. Chr. Der ägyptische Pharao Thutmosis III. (1479–1425 v. Chr.) besiegt bei Megiddo eine Koalition syrischer Fürsten mit dem Mitannikönig und unterwirft anschließend Syrien, Palästina und Transjordanien, die bis in das spätere 12. Jahrhundert v. Chr. unter ägyptischem Einfluss verbleiben.

um 1400 v. Chr. Aus unbekannten Gründen erlischt die *minoische Kultur* auf Kreta – die älteste auf Schriftlichkeit beruhende in Europa. Knossos wird zerstört.

1351 v. Chr. Pharao Amenophis IV. (=*Echnaton*; † 1334 v. Chr.), Gemahl der Nofretete (Büste aus bemaltem Kalkstein), besteigt den Thron in Ägypten. Er führt vorübergehend einen in Gestalt der Sonne verehrten alleinigen Reichsgott (*Aton*) ein.

1323 v. Chr. Der junge Pharao (seit 1333) Tutanchamun stirbt. Sein fast unversehrtes Grab (als solches das einzige eines ägyptischen Herrschers) wird erst 1922 von dem britischen Archäologen Howard Carter entdeckt.

*Stuckkopf
(um 1350 v. Chr.)
Amenophis IV.
(Echnaton).*

1279 v. Chr. Pharao Ramses II. († 1213 v. Chr.) – größter aller ägyptischen Herrscher – tritt die Regierung an.

nach 1250 v. Chr. Mose (Name ägyptisch) führt sein Volk aus Ägypten, empfängt die Gottesoffenbarung am Berg Sinai und erblickt, bevor er stirbt, vom Berg Nebo das *Gelobte Land*.

um 1200 v. Chr. Das seit dem 18. vorchristlichen Jahrhundert bestehende *Hethiterreich* in Kleinasien erliegt dem Ansturm der *Seevölker*.

um 1200 v. Chr. Die Phönizier erfinden eine neue Art der Schrift, die sich aus Buchstaben zusammensetzt.

um 1100 v. Chr. Die *mykenische Kultur* auf der Peloponnes erlischt, wohl infolge der Einwanderung der *Dor(i)er*.

1070 v. Chr. Mit Ramses XI. endet das *Neue Reich* in Ägypten. Das Land zerfällt danach in Kleinstaaten.

um 1004 v. Chr. David († 965 v. Chr.) begründet mit dem Königreich *Israel* den ersten Staat des jüdischen Volkes.

926 v. Chr. Nach dem Tod König (seit 964 v. Chr.) Salomos zerfällt das jüdische Königreich in einen Nordstaat *Israel* (Hauptstadt Samaria; erster König Jerobeam I.) und einen Südstaat *Juda* (Hauptstadt Jerusalem; erster König Rehabeam).

814/813 v. Chr. Spätere Tradition bestimmt dieses Jahr zum Gründungsdatum Karthagos durch die Phönizier.

um 800/750 v. Chr. In Griechenland wird aus dem phönizischen Alphabet die erste Buchstabenschrift Europas entwickelt, von der sich alle späteren europäischen Schriften ableiten. Etwa um diese Zeit entstehen mit der *Ilias* und der *Odyssee*, die Homer zugeschrieben werden, die ersten erhaltenen epischen Dichtungen in Europa.

776 v. Chr. Beginn der Siegerliste der *Olympischen Spiele*, die alle vier Jahre ausgetragen werden und entscheidend dazu beitragen, die Vorstellung von der Einheit des Griechentums ungeachtet seiner politischen Zersplitterung zu wecken. Sie werden 393 n. Chr. letztmals ausgetragen.

753 v. Chr. Nach der von Varro († 27 v. Chr.) begründeten Tradition wird in diesem Jahr Rom gegründet. Die Stadt untersteht zunächst Königen wohl *etruskischer* Herkunft.

722 v. Chr. Die Assyrer vernichten den jüdischen Nordstaat *Israel* unter König (seit 731 v. Chr.) Hosea.

612 v. Chr. Nabopolassar (626–605 v. Chr.), Begründer des *Neubabylonischen Reiches*, erobert die assyrische Hauptstadt Ninive. Das *Assyrerreich* endet bald darauf (609 v. Chr.).

um 600 v. Chr. In Lydien beginnt man, Münzen zu prägen; von dort verbreitet sich die neue Technik zunächst in den griechischen Kolonien an der Westküste Kleinasiens, später im gesamten Mittelmeerraum.

595 v. Chr. Pharao (seit 610 v. Chr.) Necho II. (*XXVI. Dynastie*) stirbt. Er gilt als Initiator einer ersten – im Roten Meer gestarteten – Umsegelung Afrikas durch phönizische Seefahrer und als Bauherr eines ersten Kanals vom Nil zum Roten Meer.

587 v. Chr. Der neubabylonische König Nebukadnezar II. (605–562 v. Chr.) erobert den jüdischen Südstaat unter König (seit 597 v. Chr.) Zedekia und lässt dessen Oberschicht nach Mesopotamien deportieren (*Babylonische Gefangenschaft*).

547 v. Chr. König Kyros der Große (um 559–530 v. Chr.), Begründer des *persischen Großreichs*, besiegt den Lyderkönig (seit etwa 560 v. Chr.) Kroisos und verleibt sich dessen Reich ein. Danach geraten auch die griechischen Kolonien an der Westküste Kleinasiens unter persische Herrschaft.

539 v. Chr. Der Perserkönig Kyros der Große (um 559–530 v. Chr.) vernichtet das *Neubabylonische Reich*. Er gestattet den nach Babylonien verschleppten Juden die Heimkehr. In Jerusalem wird daraufhin der *Zweite Tempel* errichtet (515 v. Chr.).

525 v. Chr. Der Perserkönig Kambyses (529–522 v. Chr.) verleibt Ägypten, dessen große Zeit damit endgültig endet, seinem Reich ein.

um 525 v. Chr. Der Philosoph Pythagoras von Samos entwickelt (nach späterer Zuschreibung) Lehrsätze in Geometrie, Astronomie und Musiktheorie.

510 v. Chr. Nach dem Sturz seines letzten Königs Lucius Tarquinius Superbus wird Rom der Überlieferung zufolge *Republik*.

507 v. Chr. Mit den Verfassungsreformen des Kleisthenes beginnt die Entwicklung der Volksherrschaft (*Demokratie*) in Athen.

490 v. Chr. Die Athener besiegen die nach Griechenland vorgedrungene Streitmacht des Perserkönigs Dareios des Großen (522–486 v. Chr.) bei Marathon.

um 480 v. Chr. Buddha (Sanskrit:«der Erleuchtete»; eigtl. Siddharta Gautama), indischer Religionsstifter, stirbt. Aus seiner Lehre entwickelt sich die einzige missio-

Die Geburt des Buddha; tibetische Bronzedarstellung, vergoldet, frühes 19. Jahrhundert.

narisch betriebene Religion Asiens. Sie verbreitet sich später nicht nur im indischen Zivilisationskreis (einschließlich Südostasiens), sondern auch in China und der von ihm kulturell geprägten Welt (Korea, Japan, Vietnam, Tibet). Wie die jüngeren Missionsreligionen (Christentum und Islam) zerfällt sie bald in unzählige, sich mitunter gegenseitig bitter befehdende Zweige, darunter die Hauptrichtungen des *Therawada*- oder *Hinajana*- («kleines Fahrzeug») und des populäreren *Mahajana*-Buddhismus («großes Fahrzeug»).

480/479 v. Chr. Mit dem Doppelsieg von Salamis (zur See) und Plataiai (zu Lande) verteidigen die Griechen ihre Freiheit gegenüber dem persischen Großkönig Xerxes (486–465 v. Chr.).

479 v. Chr. Der chinesische Philosoph Konfuzius (Kong Fu Zi) stirbt. Seine Lehre entwickelt sich erst lange nach seinem Tod zur Staatsdoktrin Chinas und anderer ostasiatischer Reiche. Der *Konfuzianismus* stellt eine auf die Gegenwart bezogene, personalisierte Ethik dar, in der Ahnenkult, Einbindung des Einzelnen in die Gemeinschaft, Leistung und Pflichtbewusstsein zentrale Bedeutung haben. Er bildet die geistige Grundlage für den Vorsprung, den Ostasien bis zur industriellen Revolution vor allen anderen Zivilisationen der Welt behauptet, und auch für den Wiederaufstieg der Region in der Gegenwart.

472 v. Chr. *Die Perser* des attischen Dichters Aischylos, des Schöpfers der klassischen Tragödie, werden erstmals aufgeführt.

Der chinesische Philosoph Konfuzius; japanischer Holzschnitt, spätere Kolorierung.

447 v. Chr. Auf der Akropolis von Athen beginnt man mit dem Bau des *Parthenon* (Tempel der Athena Parthenos, der Jungfräulichen Göttin), der 438 vollendet wird und stilbildend wirkt.

444 v. Chr. Herodot von Halikarnassos, der «Vater der Geschichtsschreibung» (Cicero), lässt sich nach ausgedehnten Reisen in der attischen Kolonie Thurioi in Unteritalien nieder.

431 v. Chr. Im Jahr des Kriegsausbruchs beginnt Thukydides aus Athen sein Werk über den *Krieg der Peloponnesier und Athener* – des ersten der «objektiven» politischen Zeitgeschichtsschreibung.

425 v. Chr. In Athen wird mit den *Acharnern* die erste erhaltene Komödie des Aristophanes aufgeführt.

um 420 v. Chr. Das Wirken des Hippokrates von Kos, des berühmtesten Arztes der Antike, erreicht seinen Höhepunkt. Er gilt als Begründer der wissenschaftlichen Medizin.

404 v. Chr. Der seit 431 v. Chr. andauernde *Peloponnesische Krieg* endet im totalen Triumph der Landmacht Sparta über das bis dahin seebeherrschende Athen.

396 v. Chr. Mit der Einnahme und Zerstörung der etruskischen Konkurrenzstadt Veii beginnt die Expansion Roms.

386 v. Chr. Platon (* 427, † 348/347 v. Chr.), ein Schüler des 399 v. Chr. hingerichteten Sokrates, begründet im Heiligtum des Heros Akademos in Athen eine Philosophenschule – die *Akademie*. Sie wird erst 529 n. Chr. von Kaiser Justinian geschlossen.

342 v. Chr. Aristoteles von Stageira (* 384,† 322 v. Chr.), Schüler an Platons *Akademie* und bis in die Neuzeit hinein wirkungsmächtigster Philosoph aller Zeiten, wird Lehrer des makedonischen Kronprinzen Alexander.

338 v. Chr. Philipp II., König der Makedonen (seit 359/355–336 v. Chr.), beendet mit seinem Sieg bei Chaironeia die Unabhängigkeit der griechischen Poliswelt.

333 v. Chr. Alexander der Große (* 356 v. Chr.), König der Makedonen 336–323 v. Chr., erringt auf seinem «Rachefeldzug» gegen die Perser seinen ersten großen Triumph bei Issos.

332 v. Chr. Alexander der Große, König der Makedonen 336–323 v. Chr., erobert Ägypten und gründet dort als wichtigste Stadt dieses Namens *Alexandria*.

330 v. Chr. Nach einem weiteren Sieg über den persischen Großkönig bei Gaugamela (331 v. Chr.) vernichtet Alexander der Große, König

der Makedonen 336–323 v. Chr., mit der Einnahme der Hauptresidenzen Susa, Ekbatana und Persepolis das Perserreich und wird selbst «König von Asien». Er erweitert damit den europäischen (griechischen) Kulturkreis um den gesamten Nahen Osten.

326 v. Chr. Alexander der Große, König der Makedonen 336–323 v. Chr., dringt auf seinem Eroberungszug bis nach Indien vor, wird aber vom eigenen Heer zur Umkehr gezwungen.

Kaiserzeitliches Mosaikbild Alexanders des Großen in der Schlacht bei Issos gegen die Perser.

323 v. Chr. Alexander der Große, König der Makedonen (seit 336 v. Chr.), stirbt in Babylon. Sein Reich zerfällt im anschließenden Kampf seiner rivalisierenden Nachfolger – der *Diadochen*. Der griechische Kultureinfluss intensiviert sich jedoch dessen ungeachtet im gesamten östlichen Mittelmeerraum (*Hellenismus*).

312 v. Chr. Die Römer bauen aus militärstrategischen Gründen ihre erste Straße von Rom nach Capua in Kampanien (*via Appia*). Sie wird später über Benevent bis nach Brindisi verlängert.

305 v. Chr. Mit der Annahme des Königstitels durch zwei der siegreichen *Diadochen* entstehen in der Nachfolge des Alexanderreichs das *Ptolemaierreich* in Ägypten (bis 30 v. Chr.) und das *Seleukidenreich* in Syrien und Mesopotamien (bis 64 v. Chr.).

um 300 v. Chr. Der Mathematiker Euklid, Verfasser eines bis in die Neuzeit maßgeblichen Lehrbuchs über Geometrie, lehrt in Alexandria, wo wenige Jahre später die berühmteste Bibliothek der Antike begründet wird.

285 v. Chr. Über der Hafeneinfahrt von Rhodos wird eine Bronzestatue des Sonnengottes errichtet. Als *Koloss von Rhodos* gilt sie neben den Pyramiden von Gizeh, den *Hängenden Gärten der Semiramis* in

Babylon, dem Artemistempel von Ephesos, dem Kultbild des Zeus von Phidias in Olympia, dem *Mausoleion* von Halikarnassos und dem *Pharos* (Leuchtturm) von Alexandria als eines der *Sieben Weltwunder* der Antike.

um 268 v. Chr. Kaiser Ashoka († um 232 v. Chr.) besteigt den Thron. Unter ihm erreicht das von Candragupta *Maurya* (um 320–290 v. Chr.) errichtete erste indische Großreich – es umfasst bis auf den äußersten Süden den gesamten Subkontinent – mit der Hauptstadt Pataliputra (Patna) seinen Höhepunkt. Staatsreligion ist der Buddhismus.

264 v. Chr. An Konflikten in Sizilien entzündet sich der *1. Punische Krieg* zwischen Rom und Karthago (bis 241 v. Chr.).

um 248 v. Chr. Eratosthenes, Verfasser einer Schrift über die Erdmessung und Begründer der Lehre von der Kugelgestalt der Erde, wird zum Vorsteher der Bibliothek in Alexandria berufen.

241 v. Chr. Die Römer siegen bei den Ägatischen Inseln entscheidend über die Flotte Karthagos und beenden damit den seit 264 v. Chr. andauernden *1. Punischen Krieg*. Mit Sizilien (ohne das Gebiet von Syrakus) erwerben sie anschließend ihre erste *Provinz*. 238 v. Chr. werden auch Sardinien und Korsika römisch.

um 238 v. Chr. Arsakes I. († 217 v. Chr.) begründet in Persien das *Partherreich* unter der Dynastie der *Arsakiden*, zu dem seit 129 v. Chr. auch Mesopotamien gehört. Für Jahrhunderte bleibt es der mächtigste Rivale Roms.

221 v. Chr. Shihuangdi († 210 v. Chr.), Begründer der *Qin-Dynastie*, einigt als erster Herrscher unter Annahme des neuen Titels «Kaiser» ganz China und begründet damit die Tradition des einzigen weitgehend kontinuierlich und bis heute bestehenden Großreichs der Weltgeschichte. Er lässt Münzen, Maße und Schrift vereinheitlichen und richtet mit Xia-

Plastik aus dem Mausoleum des Kaisers Shihuangdi.

nyang eine feste Hauptstadt ein. Sein Grab mit der berühmten Armee aus 7500 Tonfiguren wird erst 1974–1976 geöffnet.

218 v. Chr. Der *2. Punische Krieg* zwischen Rom und Karthago (bis 201 v. Chr.) beginnt. Der karthagische Feldherr Hannibal (* 247/246, † 183 v. Chr.) überquert auf seinem Weg von Spanien die Alpen mit Kriegselefanten und erringt seinen ersten Sieg über das römische Aufgebot an der Trebbia.

216 v. Chr. Der karthagische Feldherr Hannibal besiegt das römische Aufgebot bei Cannae in Apulien. Es ist die bis dahin schwerste (und sprichwörtlich gewordene) Niederlage der römischen Geschichte.

212 v. Chr. Die Römer, die seither ganz Sizilien unter ihrer Herrschaft vereinigen, erobern Syrakus. Der berühmte Mathematiker Archimedes findet dabei den Tod.

202 v. Chr. Kaiser Gaozu († 195 v. Chr.) begründet die *Han-Dynastie* (Hauptstadt Chang'an = Xian), die China mit nur kurzer Unterbrechung bis 220 n. Chr. regiert. In dieser Zeit bildet sich die Identität des chinesischen Volkes aus (*Han-Chinesen*).

201 v. Chr. Nach dem Sieg ihres Feldherrn Scipio († 183 v. Chr.) bei Zama (202 v. Chr.) beenden die Römer den *2. Punischen Krieg* (seit 218 v. Chr.) siegreich. Karthago, das damit den Großmachtstatus verliert, muss seine Flotte ausliefern und alle Positionen auf der Iberischen Halbinsel räumen.

197 v. Chr. Die Römer richten auf der Iberischen Halbinsel zwei Provinzen ein. Das Gebiet wird in der Folge durchgreifend romanisiert. Von hier tradiert der romanische Charakter Spaniens und Portugals.

168 v. Chr. Die Römer besiegen den letzten makedonischen König (seit 179 v. Chr.) Perseus bei Pydna. Sein Reich wird aufgelöst; bis 146 v. Chr. wird ganz Griechenland (vorläufig ohne Sparta und Thessalien) dem Römischen Reich einverleibt.

146 v. Chr. Am Ende des *3. Punischen Krieges* (seit 149 v. Chr.) ist Karthago völlig besiegt. Die Römer lassen die Stadt zerstören und richten auf ehemals karthagischem Boden die Provinz *Africa* ein – für Jahrhunderte die Kornkammer des Römischen Reiches.

133 v. Chr. Die Römer unterwerfen das Innere der Iberischen Halbinsel und erwerben das *Pergamenische Reich*, wo sie 129 v. Chr. die Provinz *Asia* einrichten.

111 v. Chr. Mit dem Erwerb Kantons expandiert China unter dem *Han*-Kaiser Wudi (141–87 v. Chr.) bis an das Südchinesische Meer. 109 v. Chr. wird sogar Korea tributpflichtig gemacht.

104 v. Chr. Der Hohepriester von Jerusalem – ein *Hasmonäer* – nimmt den Königstitel an. Damit entsteht erneut ein Staat der Juden.

104–100 v. Chr. Marius (*156, † 86 v. Chr.), Sieger über die Kimbern und Teutonen, führt als Konsul eine grundlegende Heeresreform im Römischen Reich durch. Das Volksaufgebot wird zugunsten eines stehenden Berufsheers abgeschafft.

um 100 v. Chr. Der Handel zwischen der Mittelmeerwelt und Asien (Indien und China) intensiviert sich stark. Weil Europa im Austausch fast keine Waren anzubieten hat, fließt von hier bis in das 18. nachchristliche Jahrhundert fortdauernd Edelmetall nach Asien ab.

64/63 v. Chr. Die Römer unter Pompeius (*106, † 48 v. Chr.) erobern die Reste des *Seleukidenreichs* und annektieren sie als Provinz *Syria*; über den jüdischen Staat errichten sie ein Protektorat. Damit vollenden sie die Einheit der Mittelmeerwelt unter ihrer Herrschaft.

51 v. Chr. Gaius Iulius Caesar unterwirft nach langem Kampf (seit 58 v. Chr.) endgültig ganz *Gallien* und verleibt es dem Römischen Reich ein, womit der romanische Charakter des späteren Frankreich vorbestimmt wird.

45 v. Chr. Nach mehreren Siegen über seine republikanischen Gegner bei Pharsalos (48 v. Chr.), Thapsus (46) und Munda (45) errichtet Gaius Iulius Caesar als Diktator auf Lebenszeit de facto die Monarchie im Römischen Reich. Er führt eine grundlegende Kalenderreform auf Basis des Sonnenjahrs durch (*Julianischer Kalender*).

Münzbild Gaius Iulius Caesars auf römischem Sesterz (Bronze).

44 v. Chr. Gaius Iulius Caesar (* 100 v. Chr.) wird im Senat von Gegnern seiner diktatorischen Herrschaft in Rom an den *Iden des März* (15. März) ermordet.

42 v. Chr. Als Erben Caesars siegen Marcus Antonius und Gaius Iulius Caesar Octavianus bei Philippi in Thrakien über die Caesarmörder Brutus und Cassius.

30 v. Chr. Nach einem Seesieg über Marcus Antonius und die ägyptische Flotte der Königin Kleopatra bei Actium (31 v. Chr.) zieht Octavian siegreich in Alexandria ein. Damit endet das Zeitalter der Bürgerkriege im Römischen Reich. Octavian († 14 n. Chr.) wird Alleinherrscher.

27 v. Chr. Der Senat verleiht Octavian († 14 n. Chr.) den Ehrennamen Augustus. Das Römische Reich nimmt danach, obwohl die äußere Form der Republik zunächst gewahrt wird, den Charakter einer Monarchie an, die man euphemistisch *Prinzipat* nennt.

19 v. Chr. Der römische Dichter Vergil (* 70 v. Chr.) stirbt. Er hinterlässt u. a. die seit 29 v. Chr. entstandene *Aeneis – das* traditionsstiftende Heldenepos der Römer und meist rezipierte Werk antiker Dichtkunst.

8 v. Chr. Der römische Dichter Horaz (* 65 v. Chr.) stirbt. Sein Werk bildet einen Höhepunkt der römischen Literatur.

Marmorskulptur (um 30–20 v. Chr.) des Augustus.

8 Der bedeutende römische Dichter Ovid (* 43 v. Chr., † 17/18 n. Chr.; u. a. *Ars amatoria* = «Liebeskunst») wird von Kaiser Augustus (30/27 v. Chr. –14 n. Chr.) aus nie geklärten Gründen an das Schwarze Meer verbannt.

9 Entscheidungsschlacht im Teutoburger Wald: Die Germanen unter Arminius vernichten drei römische Legionen (etwa 15 000 Mann). Rom gibt danach seine zuvor bis an die Elbe vorgetriebene Expansion auf; der weitaus größte Teil Germaniens verbleibt danach außerhalb des Reiches und wird nie romanisiert.

14 Nach dem Tod von Kaiser (seit 30/27 v. Chr.) Augustus bleibt die Staatsform der Monarchie im Römischen Reich bestehen. Die Nachfolge als *princeps* tritt Tiberius († 37) an.

um 25 Das wohl vor 30 v. Chr. geschriebene Hauptwerk des römischen Architekten Vitruv wird veröffentlicht. Es zeitigt vor allem in der Renaissance noch eine bedeutende Nachwirkung.

um 30 In Jerusalem wird Jesus von Nazareth als *Messias* (griech. *Christos*) vom römischen Statthalter Pontius Pilatus zum Tode am Kreuz verurteilt und hingerichtet. Seine Anhänger bilden im Glauben an die Auferstehung eine besondere Gruppe innerhalb des Judentums, die bald blutig verfolgt wird.

«Christus vor Pilatus»;
Bildausschnitt: Bronzetür (1010–1015)
des Hildesheimer St.-Marien-Doms.

43 Der römische Kaiser Claudius (41–54) erobert an der Spitze von vier Legionen das südliche Britannien und lässt es im Folgejahr als Provinz einrichten.

seit etwa 50 Der Heidenapostel Paulus missioniert auf zahlreichen Reisen im östlichen Mittelmeerraum. Er begründet damit die Tradition des Christentums als Missionsreligion. Indem er zentrale Lehren des jüdischen Glaubens negiert und das Christentum gegenüber dem – griechischen – Heidentum öffnet, macht Paulus eine marginale jüdische Sekte zur Keimzelle einer Weltreligion.

zwischen 63 und 67 (?) Der Apostel Petrus, Jünger Jesu und erster Vorsteher der Christengemeinde in Rom (auf dessen Nachfolge sich später die Päpste berufen), und der Apostel Paulus werden in Rom während der ersten großen Christenverfolgung unter Kaiser Nero (54–68) hingerichtet.

68/69 Mit Kaiser Nero (54–68), der Selbstmord begeht, endet das *Julisch-Claudische Geschlecht* (des Augustus). Es folgt das *Vierkaiserjahr*, in dem sich mehrere Militärbefehlshaber auf dem Thron abwechseln. Am Ende obsiegt Vespasian (69–79) aus dem Geschlecht der *Flavier*.

70 Titus (Kaiser 79–81), Sohn Kaiser Vespasians, erobert Jerusalem und lässt den Tempel zerstören. Der letzte jüdische Widerstand wird 73 nach dem Selbstmord der Verteidiger von Masada gebrochen.

nach 70 In Rom entstehen das Flavische Amphitheater (*Kolosseum*) und der Triumphbogen des Titus.

nach 70 Markus beschreibt in seinem *Evangelium* das Leben Jesu. Ihm folgen die Evangelien des Matthäus (zwischen 75 und 90), des Lukas (zwischen 80 und 90) und des Johannes (um 125).

Vom Lavastrom überraschter Einwohner von Pompeji (79 n. Chr.).

79 Durch den Ausbruch des Vesuv werden die Städte Pompeji, Herculaneum und Stabiae verschüttet. Ihre spätere Ausgrabung (seit 1745; systematisch seit 1860) markiert den Beginn der modernen Archäologie.

90 Kaiser Domitian (81–96), Sohn des Vespasian, lässt zum Schutz des römischen Germanien den *Limes* vom linken Rheinufer über die nördliche Wetterau zum Main und weiter durch den Odenwald zum Neckar anlegen. Diese Grenzbefestigung wird später (um 145) auf die Linie Saalburg – Miltenberg – Osterburken – Lorch vorgeschoben.

96 Mit der Wahl Nervas (96–98) durch den Senat beginnt die Ära des *Adoptivkaisertums* im Römischen Reich, in deren Verlauf die Nachfolge in Ermangelung leiblicher Erben durch Adoption geregelt wird.

um 105 In China wird das Papier erfunden. Die Araber übernehmen den neuen Beschreibstoff im 8. Jahrhundert. In Europa verbreitet sich die Papierherstellung erst im 13. Jahrhundert.

106 Rom annektiert das Reich der (arabischen) *Nabatäer* als *provincia Arabia*. Die Hauptstadt wird von Petra nach Bosra verlegt.

107 Rom annektiert das Dakerreich nördlich der Donau, das danach durchgreifend romanisiert wird. Die rumänische Sprache zeugt noch heute davon.

109 Der bedeutende römische Historiker Tacitus schließt seine *Historien* mit einer Darstellung der Flavierzeit ab.

117 Beim Tod Kaiser (seit 98) Trajans erreicht das Römische Reich nach der Annexion Armeniens (114) und Mesopotamiens (115) seine größte Ausdehnung. Nachfolger Trajans ist der Reisekaiser Hadrian († 138), Erbauer der Kaiservilla in Tivoli und der Engelsburg in Rom.

um 120 Sueton schreibt seine Kaiserviten, die bis in das Mittelalter eine starke Nachwirkung zeitigen und unser Bild von der frühen römischen Kaiserzeit nachhaltig prägen.

127 Im nördlichen Britannien wird der 122 begonnene Hadrianswall zur Abwehr der Kaledonier auf der Linie Solway-Tyne fertiggestellt.

135 Nach einem erneuten Aufstand (seit 132) wird der jüdische Widerstand von den Römern endgültig gebrochen. Die Juden werden aus Jerusalem, das sie bis zur arabischen Eroberung 638 nicht wieder betreten dürfen, vertrieben und gehen in die *Diaspora* (griech. Zerstreuung).

um 170 Auf dem Kapitol in Rom wird das Reiterstandbild von Kaiser Mark Aurel (161–180) errichtet – später Vorbild für gleichartige Skulpturen im neuzeitlichen Europa.

180 Nach dem Tod Kaiser Mark Aurels tritt dessen Sohn Commodus († 192) die Nachfolge an. Damit wird das Adoptivprinzip aufgegeben, endet das *Adoptivkaisertum*.

192/193 Der Ermordung von Kaiser (seit 180) Commodus folgt ein zweites Vierkaiserjahr im Römischen Reich, an dessen Ende sich Septimius Severus († 211) durchsetzt.

199 In Rom stirbt Galen, der letzte überragende Arzt der Antike.

nach 200 Mit der Begründung einer königlichen Dynastie in Tikal (Guatemala) beginnt die klassische Ära der *Maya*-Kultur. Weitere Dynastien herrschen u. a. seit 360 in Copán (Honduras), seit 390 in Palenque (Chiapas, Mexiko).

212 Kaiser Caracalla (211–217) verleiht mit der *Constitutio Antoniniana* allen freien Bewohnern der Provinzen das römische Bürgerrecht. Das Römische Reich wird dadurch zu einer Rechtseinheit, der bis dahin behauptete Vorrang Italiens beseitigt.

220 In China wird die *Han-Dynastie* gestürzt; das Reich zerfällt für Jahrhunderte in Kleinstaaten, die sich einander erbittert bekämpfen. An der Idee der Reichseinheit hält man gleichwohl fest.

224 Durch den Sieg der *Sasaniden* über die *Arsakiden* wird das Partherreich vernichtet. Mit dem neupersischen *Sasanidenreich* erwächst Rom ein neuer, noch stärkerer Gegner.

235 Mit der Ermordung des Kaisers (seit 222) Severus Alexander beginnt im Römischen Reich die Ära der allein vom Heer kreierten *Soldatenkaiser*. Sie ist geprägt von fiskalischer Auszehrung, ökonomischem Niedergang und geistig-kultureller Erschöpfung.

249 Der römische Kaiser Decius (249–251) lässt die Christen im Römischen Reich erstmals systematisch verfolgen.

259 Die germanischen Franken durchbrechen den *Limes* und dringen nach Gallien und auf die Iberische Halbinsel vor.

270 Der Ägypter Antonios zieht sich als Eremit in die Wüste zurück. Wegen seiner asketisch-weltabgewandten Lebensweise gilt er als Begründer des Mönchtums.

274 Der römische Kaiser Aurelian (270–275) führt den Kult des Sonnengottes ein, dessen Geburtstag auf den 25. Dezember festgesetzt wird. Kaiser Konstantin bestimmt diesen Tag 333 zum Geburtstag Christi und damit zum Weihnachtstag.

284 Mit dem Regierungsantritt Kaiser (bis 305) Diokletians endet die Ära der *Soldatenkaiser* im Römischen Reich. Der neue Kaiser führt grundlegende Reformen durch, die das Reich stabilisieren. Mit der tetrarchischen Neuordnung von 293 (je ein Kaiser [*augustus*] im

Osten und im Westen mit jeweils einem *caesar* als Stellvertreter und Nachfolger) bereitet er die spätere Reichsteilung vor.

301 Mit der Annahme des Christentums in Armenien entsteht die älteste (christliche) Nationalkirche der Geschichte.

312 In der Schlacht an der Milvischen Brücke besiegt Konstantin der Große (*caesar* seit 306, *augustus* seit 308) seinen Rivalen im Westen des Römischen Reiches Maxentius. Eine Kreuzesvision vor der Schlacht überzeugt ihn von der Überlegenheit des Christengottes.

314 Konstantin der Große (306–337), der den Christen 313 bereits Religionsfreiheit zugestanden hat, lässt in Rom die erste christliche Basilika (*Laterankirche*) errichten; sie wird für den späteren Kirchenbau stilbildend.

321 Konstantin der Große (306–337) führt den Sonntag als allgemeinen Ruhetag im Römischen Reich ein.

324 Konstantin der Große (306–337) befiehlt nach seinem Sieg über den Ostkaiser Licinius, der ihn zum Alleinherrscher im Römischen Reich macht, den Bau einer neuen Hauptstadt an der Stelle des alten Byzanz. 330 eingeweiht, trägt sie seinen Namen: *Konstantinopel*.

325 Auf dem ersten allgemeinen Konzil in Nicäa wird der christologische Streit zwischen Arius und Athanasios von Alexandria entschieden. Mit der Erhebung zum kirchlichen Dogma setzt sich die Auffassung des Letzteren von der Gottgleichheit Christi gegen die Lehre der Arianer von der Gottähnlichkeit durch.

326 Helena, die Mutter Kaiser Konstantins des Großen, unternimmt eine Pilgerreise nach Jerusalem, wo sie das *Heilige Kreuz* auffindet und den Auftrag zum Bau der *Grabeskirche* erteilt.

nach 330 Unter König Ezana erreicht das äthiopische Reich von Aksum den Höhepunkt seiner Macht. Gleichzeitig setzt sich hier das (koptische) Christentum durch.

337 Kaiser (seit 306/324) Konstantin der Große stirbt in Nikomedia. Erst auf dem Sterbebett lässt er sich taufen. Das Römische Reich wird unter seine drei Söhne aufgeteilt.

um 350 Wulfila (Ulfilas), arianischer Bischof der Goten, übersetzt die Bibel ins Gotische. Die davon erhaltenen Relikte gelten als das älteste Zeugnis einer germanischen Sprache.

361 Unter Kaiser Julian *Apostata* (= der Abtrünnige; † 363) kommt es zu einer heidnischen Reaktion im Römischen Reich. Die alten Kulte werden auf der Grundlage des Neuplatonismus vorübergehend erneuert.

372 Martin von Savaria aus Pannonien, der «Apostel Galliens» und Schutzpatron Frankreichs, wird Bischof von Tours; im Jahr darauf wird Ambrosius, einer der Kirchenväter, Bischof von Mailand. Beide Heilige, die zu den wichtigsten der Kirche zählen, sterben 397.

375 Die aus Zentralasien eingedrungenen Hunnen vertreiben die nördlich des Schwarzen Meers ansässigen Goten und drängen sie auf den Balkan ab. Damit beginnt die Ära der sogenannten *Völkerwanderung*.

381 Auf dem zweiten allgemeinen Konzil von Konstantinopel wird das Christentum zur Staatsreligion im Römischen Reich erhoben (endgültig bestätigt 391) und gleichzeitig unter Verbot des bei den Germanen populären *Arianismus* die Lehre von der Gottgleichheit Christi bekräftigt. Gesetzliche Maßnahmen gegen Heiden, Juden und Häretiker folgen.

383 Hieronymos von Stridon († 419/420) beginnt mit der Übersetzung der Bibel aus den Ursprachen. Als maßgebliche lateinische Übersetzung (*Vulgata*) setzt sie sich bis zum 8. Jahrhundert endgültig durch.

387 Augustinus von Thagaste in Numidien († 430) lässt sich in Mailand von Bischof Ambrosius taufen. Die westliche Kirche gewinnt damit ihren bedeutendsten und wirkungsmächtigsten Lehrer.

395 Kaiser (seit 379) Theodosius I., unter dem das Römische Reich seit 394 ein letztes Mal vereinigt war, stirbt in Mailand. Das Reich wird danach unter seinen beiden Söhnen endgültig in eine Ost- und eine Westhälfte aufgeteilt. Die seinerzeit gezogene Grenze wirkt auf dem Balkan als Trennlinie zwischen katholischer und orthodoxer Welt bis heute nach.

406/407 Die Römer geben die Rhein- und Limesgrenze in Germanien und ganz Britannien auf. Germanische Völker wie die Wandalen, Sueben, Burgunder und Alanen dringen weit auf linksrheinisches Gebiet vor – 409 sogar bis auf die Iberische Halbinsel. Britannien bleibt fortan sich selbst überlassen; die Romanisierung zeitigt hier keine dauerhaften Ergebnisse.

410 Die Westgoten erobern und plündern unter ihrem König Alarich († 410) Rom. Bald aus Italien vertrieben, bilden sie seit 418 ihr erstes Reich beiderseits der Pyrenäen mit dem Zentrum Toulouse (*Tolosanisches Reich*).

429 Die Wandalen überqueren die Meerenge von Gibraltar; sie erobern anschließend den nordafrikanischen Küstenstreifen und bilden dort ein eigenes Reich.

438 Der *Codex Theodosianus* wird als Sammlung aller seit 312 ergangenen kaiserlichen Erlasse veröffentlicht. Er bildet die Grundlage der Rechtsschöpfung in allen späteren romanischen wie germanischen Reichen Europas.

443 Die Burgunder bilden nach dem Verlust ihrer Stellung am Oberrhein (Kern des späteren *Nibelungenlieds*) ein neues Reich im Rhonetal und am Genfer See.

seit etwa 450 Die in Jütland ansässigen Angeln und Sachsen folgen einem Hilferuf der Briten zur Abwehr der keltischen Picten und Scoten und lassen sich auf der britischen Hauptinsel nieder. Damit beginnt die angelsächsische Landnahme im erst später so genannten England.

451 In der *Schlacht auf den Katalaunischen Feldern* in der Champagne werden die bis dorthin vorgedrungenen Hunnen unter ihrem König Attila (434–453) vom römischen Heermeister Aëtius († 454) und dessen germanischen Verbündeten geschlagen und zum Rückzug gezwungen.

455 Die Wandalen erobern Rom und plündern es in geregelten Formen. Papst Leo der Große (440–461) hält sie jedoch von starker Zerstörung ab. Gleichwohl bezeichnet der im 18. Jahrhundert geprägte Begriff *Wandalismus* eine Orgie sinnloser Gewalt.

476 Der germanische Skire Odoaker († 493) wird zum König in Italien ausgerufen. Er setzt den letzten weströmischen Kaiser ab und führt damit auch formal das Ende des Weströmischen Reiches herbei.

486 Chlodwig, König der Franken (481/482–511) aus dem Geschlecht der *Merowinger*, besiegt den Römer Syagrius bei Soissons und begründet dadurch das Fränkische Reich in Gallien.

493 Theoderich, König der Ostgoten (474–526), tötet in Ravenna König Odoaker eigenhändig und gewinnt damit die Herrschaft in Italien.

496 Der Frankenkönig Chlodwig (481/482–511) schlägt die Alemannen (bei Zülpich?) und drängt sie nach Süden ab. Er lässt sich danach in Reims *katholisch* taufen und begründet damit in bewusster Gegnerschaft zum *Arianismus* (etwa der Ost- und Westgoten) eine wirkungsmächtige Tradition.

vor 500 Mit Budhagupta endet das um 320 n. Chr. begründete letzte indische Großreich vor dem Einbruch des Islam. Das *Guptareich* gilt als Höhepunkt der klassischen indischen Kultur wie der Sanskritliteratur.

um 500 Die Christianisierung des keltischen Irland (der Legende nach durch den hl. Patrick) ist abgeschlossen. Im Unterschied zum Kontinent entwickelt sich in Irland eine von Rom zunächst weitgehend unabhängige Mönchskirche.

507 In der Schlacht bei Vouillé werden die Westgoten vom Frankenkönig Chlodwig (481/482–511) vernichtend geschlagen. Das Zentrum ihres Reiches verlagert sich in der Folge vom südlichen Gallien auf die Iberische Halbinsel (Hauptstadt Toledo).

525 Im Auftrag des Papstes berechnet Dionysius Exiguus die Ostertafeln. Die damit eingeführte (um 6–4 Jahre falsch berechnete) fortlaufende Zählung der Jahre nach Christi Geburt (*Christliche Inkarnationsära*) setzt sich freilich erst im 8. Jahrhundert durch.

529 Benedikt von Nursia begründet am Monte Cassino das erste Kloster in Europa. Als Verfasser der Regeln für das Mönchsleben stiftet er faktisch den *Orden der Benediktiner* als den ältesten überhaupt.

534 Als ersten Schritt zur Wiederherstellung des Römischen Reiches, wie sie vom oströmischen Kaiser Justinian (527–565) erstrebt wird, zerstören dessen Truppen unter dem Befehl des Feldherrn Belisar das Wandalenreich. Der nordafrikanische Küstensaum und die Inseln des westlichen Mittelmeers werden dem Kaiserreich erneut einverleibt.

Benedikt erweckt einen während des Baus des Klosters Montecassino tödlich verunglückten Mönch; aus dem Bilderzylus des Spinello Aretino (1336–1410).

534 Die endgültige Ausgabe des *Codex Iustinianus* erscheint als Rechtssammlung aller Gesetze seit der Zeit Hadrians. Zusammen mit den schon zuvor erlassenen *Institutionen* und den Auszügen aus Schriften römischer Juristen (*Digesten* oder *Pandekten*) sowie den späteren *Novellen* bildet er das *Corpus Iuris Civilis* (Bezeichnung aus dem 16. Jahrhundert) und die Basis für die Rezeption des römischen Rechts in Europa während des Mittelalters und der Neuzeit.

537 Die von Konstantin dem Großen (306–337) gegründete Kirche der Weisheit (*Hagia Sophia*) in Konstantinopel erhält ihre endgültige, im Wesentlichen noch heute bestehende Gestalt.

um 545 Der Frankenkönig Theudebert I. (533–548) lässt als erster nichtrömischer Herrscher in Europa Münzen mit seinem Bild prägen und verletzt damit ein bis dahin stets beachtetes kaiserliches Vorrecht.

549 Als letzte der großen Kirchen Ravennas wird die katholische Basilika *Sant' Apollinare in Classe* geweiht.

552 Der Feldherr Narses unterwirft endgültig die Ostgoten in Italien und verleibt deren Territorium dem Oströmischen Reich ein. Italien bildet damit kurzzeitig noch einmal eine Einheit.

um 555 Die Kenntnis der Seidenproduktion wird in China ausspioniert. Die kaiserliche Regierung in Konstantinopel entwickelt daraus ein einträgliches Staatsmonopol.

568 Die germanischen Langobarden dringen über die Alpen vor und erobern Norditalien. Zentrum ihres dort gebildeten Reiches ist zunächst Pavia. Die Einheit Italiens wird zerstört und kann erst im 19. Jahrhundert wiederhergestellt werden. Gleichzeitig wird die bis heute fortwirkende Zweiteilung des Landes in Nord und Süd strukturell präformiert.

581 Kaiser Wendi († 604) einigt China, in dem der Buddhismus seit dem 3./4. Jahrhundert maßgeblichen Einfluss gewonnen hat, erneut und begründet die freilich nur kurzlebige *Sui-Dynastie*.

590 Gregor I. der Große wird als erster Mönch in diesem Amt Papst. Bei seinem Tod (604) hinterlässt er ein umfangreiches Werk, das im Mittelalter höchste Autorität erlangt. Während seines Pontifikats setzt er den Primat des Papsttums zumindest im Westen gegen die Ansprüche der Patriarchen von Konstantinopel durch; auch begründet er in der Theorie die bis in die Neuzeit nachwirkende Tradition des Christentums, die Mission auch mit Feuer und Schwert zu betreiben. Der Titel *servus servorum Dei* (Knecht der Knechte Gottes) geht auf ihn zurück.

596 Papst Gregor I. der Große (590–604) entsendet den römischen Abt Augustinus nach England, um die Angelsachsen zu missionieren. Die Mission beginnt in Kent; Canterbury wird deshalb 597 Sitz des ersten Bischofs.

vor 600 Das Reich von Teotihuacán im zentralen Mexiko, das seinen Höhepunkt im 1./2. nachchristlichen Jahrhundert erlebt hat (Errichtung der *Sonnenpyramide*), erlischt.

610 In Konstantinopel besteigt Kaiser Herakleios I. den Thron († 641) und begründet eine neue Dynastie. Unter ihrer Herrschaft wandelt sich das (Ost-)Römische Reich zum *Byzantinischen* des Mittelalters. Die römische Kaisertitulatur wird abgeschafft, das Griechische zur Amtssprache erhoben.

618 Kaiser Gaozu (bis 626, † 635) begründet die *Tang-Dynastie*, die das kulturell aufblühende China lange (bis 907) und erfolgreich regiert. Hauptstadt ist die Millionenstadt Chang'an (bei Xian). Unter den *Tang* erlangt China seine größte je erreichte Ausdehnung nach Westen (bis ins heutige Kasachstan).

622 Der Prophet Mohammed († 632), Gründer des *Islam* – einer neuen, gleich dem Christentum monotheistischen und missionierenden Religion – flieht in Arabien von Mekka nach Medina (*Hedschra*). Das Datum gilt später als Beginn der *Islamischen Weltära.*

nach 630 In Tibet, das sein Vater als Reich begründet hat, wird unter dem bedeutenden Herrscher Songsten Gampo der Buddhismus eingeführt, der hier als *Lamaismus* eine besondere Ausprägung erfährt.

632 Der Prophet Mohammed stirbt. Unter seinen Nachfolgern – den *Kalifen* – entwickelt der Islam eine gewaltige Expansionskraft.

636 (4. April) In Sevilla stirbt Erzbischof Isidor. Als einer der größten Kompilatoren aller Zeiten hinterlässt er (u. a.) mit seinen 20 Büchern *Etymologiae* die für das Mittelalter wichtigste Sammlung des Wissens.

636 (20. August) In der Entscheidungsschlacht am Yarmuk unterliegt das byzantinische Hauptheer dem Ansturm der muslimischen Araber, die danach auch Jerusalem (638) und das Nildelta (642) erobern. Die von Alexander dem Großen fast 1000 Jahre zuvor für die griechische Kultur gewonnenen Gebiete von Ägypten bis Mesopotamien werden fortan arabisch und muslimisch geprägt, die von den Römern hergestellte Einheit der Mittelmeerwelt wird zerrissen.

639 Der Frankenkönig (seit 623/629) Dagobert I., der letzte bedeutende *Merowinger*, stirbt und findet seine letzte Ruhe in der Abtei St. Denis bei Paris. Dieser Akt markiert den Beginn der ältesten Tradition einer Grablege – der der fränkischen und später der französischen Könige.

646 Ein Staatsstreich markiert den «großen Wandel» (*Taika*) in Japan: Das Land, das 604 eine erste Verfassung erhalten hat, wird nach chinesischem Vorbild grundlegend neu organisiert und erst dadurch zum funktionierenden Staatswesen.

651 Die Araber setzen sich im Iran, den sie für den Islam gewinnen, militärisch durch und stürzen die Herrschaft der *Sasaniden.*

661 Moawija I. wird Kalif (bis 680) und begründet die Dynastie der *Omayyaden* mit der neuen Hauptstadt Damaskus. Die Anhänger des unterlegenen und ermordeten Kalifen (seit 656) Ali (Schwiegersohn des Propheten) bilden fortan als *Schiiten* eine besondere Richtung des Islam, die in schroffem Gegensatz zu der von den *Sunniten* gebildeten Mehrheit steht.

662 In Syrien wird erstmals über die Zahl 0 und das Dezimalsystem berichtet. Wann diese revolutionierenden Erfindungen in Indien gemacht wurden, ist unbekannt; von den Arabern werden sie jedenfalls bereits im 8. Jahrhundert übernommen.

668 Nach dem Sieg über Paekche (660) unterwirft das Königreich Silla (seit 57 v. Chr.; Hauptstadt Kyongju), dessen Eliten konfuzianisch geprägt sind, auch das Reich Koguryo. Damit entsteht erstmals ein einheitlicher koreanischer Staat.

um 680 Die Bulgaren, ein Nomadenvolk aus dem Osten, überschreiten die Donau und bilden nördlich des Balkangebirges ihr erstes Reich, das sogar Byzanz bedroht.

687 In der Schlacht von Tertry siegt der Hausmeier von Austrien über das Heer von Neustrien und stellt damit die Einheit der Reichsgewalt im Frankenreich wieder her. Das Datum markiert den Aufstieg des erst später *Karolinger* genannten Geschlechts zur faktischen Herrschaft in diesem Reich.

698 Mit der endgültigen Eroberung Karthagos durch ein Heer des Kalifen festigen die muslimischen Araber ihre Herrschaft in ganz Nordafrika.

710 Japan erhält mit Heijo (Nara) eine neue Hauptstadt nach dem Vorbild des chinesischen Chang'an. Sie wird jedoch wegen des übermächtigen Einflusses der buddhistischen Klöster schon 784 wieder aufgegeben. Danach ist seit 794 für mehr als 1000 Jahre Heian (Kyoto) ständige Residenz des Kaiserhofs.

711 Ein muslimisches Berberheer setzt über die Straße von Gibraltar und schlägt den letzten Westgotenkönig (seit 710) Roderich entscheidend, um danach auch Toledo einzunehmen. Bis auf Asturien gerät die gesamte Iberische Halbinsel unter arabische Herrschaft.

719/724 Nach Weißenburg im Elsass (631/632) werden in St. Gallen und auf der Reichenau weitere Klöster als Zentren für die Christianisierung im östlichen Frankenreich gegründet.

722 Ein bescheidener militärischer Erfolg des westgotischen Fürsten von Asturien bei Covadonga gilt als Auftakt zur *Reconquista* (= Rückeroberung der Iberischen Halbinsel).

732 Der fränkische Hausmeier Karl Martell († 741) besiegt ein muslimisches Heer zwischen Tours und Poitiers und bringt die arabische Expansion in Europa damit zum Stehen.

735 Der Angelsachse Beda, genannt *Venerabilis*, größter Gelehrter seiner Zeit, stirbt.

745/747 Der Angelsachse Bonifatius († 754), «Apostel der Deutschen», wird persönlicher Missionserzbischof von Mainz, das später dank seiner Autorität zum Metropolitansitz im Osten des Frankenreichs aufsteigt.

749/750 Die *Omayyaden* werden als Kalifen gestürzt. Unter der neuen Dynastie der *Abbasiden* wird die Hauptstadt des Kalifenreichs 762/763 von Damaskus nach Bagdad verlegt. Die Omayyaden bilden 756 auf der Iberischen Halbinsel ein unabhängiges Emirat mit der Hauptstadt Córdoba.

751 Der fränkische Hausmeier Pippin der Jüngere († 768) setzt den letzten *Merowinger*könig mit Billigung des Papstes ab und wird an seiner Stelle selbst zum König gesalbt. Damit beginnt die Herrschaft der *Karolinger* im Frankenreich.

756 Der Frankenkönig Pippin «schenkt» dem Papst Rom und das Latium, außerdem das den Langobarden 754 entrissene Gebiet um Ravenna und leitet damit die Entwicklung zum *Kirchenstaat* ein. Etwa um diese Zeit entsteht als berühmteste Fälschung des Mittelalters die endgültig erst im 15. Jahrhundert als solche erkannte *Konstantinische Schenkung*, der zufolge der Papst die Herrschaft im gesamten Westen des Römischen Reiches erhalten habe.

774 Der Frankenkönig Karl der Große (768–814) erobert Pavia und bereitet dem Langobardenreich ein Ende. Er ist fortan selbst auch König der Langobarden. Seinem erweiterten Titel fügt er – stilbildend für ganz Europa bis in die Neuzeit – die Formel *gratia Dei* («von Gottes Gnaden») bei.

782 Karl der Große, König der Franken und Langobarden (768–814), unterwirft Sachsen, das Gebiet zwischen Hellweg und Elbe, und verleibt es dem Frankenreich ein.

786 In Aachen wird mit dem Bau der *Pfalzkapelle*, in Córdoba mit dem Bau der großen Moschee (*Mezquita*) begonnen.

788 Nach dem Herzogtum Alamannien (744/746) wird auch das Herzogtum Bayern dem Frankenreich einverleibt.

793 Mit dem Überfall norwegischer Seefahrer auf das Kloster Lindisfarne in England beginnt das Zeitalter der *Wikinger*, die plündernd und erobernd fast ganz Europa (v. a. das Frankenreich, den Mittelmeerraum und das Gebiet des späteren Russland) heimsuchen.

800 Karl der Große, König der Franken und Langobarden (768–814), wird vom Papst in Rom zum Kaiser gekrönt. Damit entsteht erneut ein westliches Kaisertum, das mehr als 1000 Jahre Bestand haben wird. Wegen der Konkurrenz mit Byzanz gibt es fortan für Jahrhunderte das *Zwei-Kaiser-Problem*.

nach 800 Dänemark und Schweden entstehen als noch heidnische Königreiche. In Dänemark wird das Christentum um 950, in Schweden erst nach 1000 eingeführt.

809 Nicht als bedeutendster, wohl aber im Westen bekanntester (u. a. aus den vom 10. bis 16. Jahrhundert entstandenen *Erzählungen aus Tausendundeiner Nacht*) Kalif (seit 786) stirbt Harun ar-Raschid.

811 In Venedig, das noch locker mit dem Byzantinischen Reich verbunden ist und deshalb nie zu Reichsitalien gehören wird, beginnt die Herrschaft des ersten historisch bedeutsamen *Dogen*.

814 Kaiser (seit 800) Karl der Große (König seit 768) stirbt in Aachen und wird in der dortigen Pfalzkapelle beigesetzt. Nachfolger ist sein Sohn Ludwig I. der Fromme († 840).

840 Nach dem Tode Kaiser (seit 814) Ludwigs des Frommen bricht im Frankenreich ein Thronstreit zwischen dessen Söhnen Lothar († 855), Ludwig († 876) und Karl († 877) aus.

842 Ludwig der Deutsche und Karl der Kahle erneuern ihr Bündnis gegen ihren Bruder, Kaiser Lothar (840–855), im *Straßburger Vertrag*. Die zu dessen Bekräftigung abgelegten Eide der Vasallen gelten als ältestes Zeugnis der französischen und eines der ältesten der deutschen Sprache.

843 Im *Vertrag von Verdun* einigen sich die Söhne Ludwigs des Frommen auf eine Teilung des Frankenreiches. Kaiser Lothar († 855) erhält das Mittelreich von der Provençe bis zur Nordsee, Ludwig der Deutsche († 876) Ostfranken (später Deutschland), Karl der Kahle († 877) Westfranken (später Frankreich).

um 845 In Europa entstehen das Königreich Schottland sowie erste Staaten der Kroaten (die sich der Obödienz Roms unterstellen) und der Serben (die bis 891 für die Ostkirche gewonnen werden).

um 850 Mit dem Verfall Tikals nach dem von Copán (um 820) und Palenque (um 800) endet die klassische Phase der Maya-Kultur.

um 860 Der Wikinger (*Waräger*) Rjurik bildet im Norden Russlands ein erstes Reich mit dem Zentrum Novgorod. Er gilt als Stammvater der Russland bis 1598 regierenden Dynastie.

863 Kyrill und Methodios, die «Apostel der Slawen», setzen ihr Missionswerk in Mähren (das später freilich der römischen Obödienz folgt) fort. Sie führen eine nach griechischem Vorbild entwickelte eigene slawische Schrift ein, die seit dem 10. Jahrhundert *kyrillisch* genannt wird.

864 Der Bulgarenkhan Boris (852–889) empfängt die Taufe nach griechischem Ritus.

866 In Japan wird die absolute Macht des Kaisers stark beschnitten. Die eigentliche Regierungsgewalt geht für mehr als 200 Jahre auf die Regentenfamilie *Fujiwara* über.

870 Im *Vertrag von Meersen* wird das Mittelreich zwischen dem West- und Ostfränkischen Reich geteilt. Im späteren *Vertrag von*

Ribemont (880) erwirbt das Ostfränkische Reich sämtliche Gebiete des ehemaligen Mittelreichs und schiebt damit seine politische Grenze weit über die Sprachgrenze hinaus in das Gebiet romanischer Zunge vor.

871 Alfred der Große († 899) wird König von Wessex. Er gewinnt im Süden Englands eine hegemoniale Stellung und bannt die Dänengefahr.

874 Norwegische Wikinger legen die ersten festen Siedlungen auf Island an; die Insel wird nachfolgend zum Ziel zahlreicher Auswanderer aus Norwegen.

882 Oleg der Weise (879–912) vereinigt die Herrschaft über Novgorod und Kiev und begründet damit das erste russische Großreich.

896 Als letztes unter den Völkern des östlichen Europa wandern die Ungarn unter ihrem Fürsten Árpád in ihre heutigen Siedlungsgebiete ein; sie bedrohen von dort aus ihre westlichen Nachbarn.

vor 900 Norwegen wird von Harald I. Schönhaar zu einem Königreich mit der Hauptstadt Trondheim geeinigt.

um 900 Die seit etwa 300 n. Chr. blühende Kultur der *Zapoteken* mit den Zentren Monte Albán und Mitla (Oaxaca, Mexiko) erreicht ihren Höhepunkt.

910 Im burgundischen Cluny wird ein Reformkloster gegründet, von dem die vor allem nach Frankreich, Spanien, England und Italien ausstrahlende *kluniazensische* Reformbewegung ihren Ausgang nimmt.

911 Im Ostfränkischen Reich stirbt der letzte *karolingische* König; Nachfolger wird Konrad I. († 918). Seine Wahl gilt als wichtiger Markstein in der Fortentwicklung vom Ostfränkischen zum Deutschen Reich.

913 Mit der Kaiserkrönung Symeons des Großen (893–927) steht das erste Bulgarenreich im Zenit seiner Macht.

919 Nach dem Tod Konrads I. (918) wird Heinrich (I.; † 936), Herzog von Sachsen, zum deutschen König gewählt. Spätere Tradition und Geschichtsschreibung machen ihn zum ersten deutschen König überhaupt.

929 Abdarrahman III., Emir von Córdoba (912–961), nimmt den Titel eines *Kalifen* an. Er regiert den in dieser Zeit nächst Byzanz zivilisiertesten Staat Europas.

936 Im Deutschen Reich folgt Otto I. seinem Vater Heinrich I. auf dem Thron (bis 973); mit seiner Krönung in Aachen begründet er eine lange nachwirkende Tradition.

938 Nach dem Sieg über Silla (935) wird die Einheit Koreas mit der Einnahme der Insel Cheju als Königreich *Koryo* abermals vollendet. Hauptstadt ist Kaesong; der seit dem 4. Jahrhundert in Korea verbreitete Buddhismus wird Staatsreligion.

951 Der deutsche König Otto I. (936–973) wird in Pavia zum König Italiens gewählt. Damit begründet er den (theoretisch bis in das 18. Jahrhundert fortbestehenden) Zusammenhang des deutschen Reiches mit (Nord-)Italien.

955 Der deutsche König Otto I. (936–973) besiegt die Ungarn auf dem *Lechfeld* bei Augsburg entscheidend und bannt damit die von diesen lange ausgegangene Gefahr.

959 Als zweiter Monarch vereinigt Edgar, König von Mercia und Northumbria (957–975), ganz England unter seiner Herrschaft. Von nun an bleibt die Einheit des Landes jedoch dauerhaft erhalten.

960 Kaiser Taizu († 976) einigt China nach Jahrzehnten der Zersplitterung erneut und begründet die *Song-Dynastie* mit der Hauptstadt Kaifeng. Unter ihrer höchst erfolgreichen bürokratischen (regelmäßige Beamtenprüfungen) Herrschaft verlagert sich das ökonomische Schwergewicht des Reiches in den Süden. In der *Song*-Zeit werden – den Europäern noch völlig unbekannt – Buchdruck, Kompass und Schießpulver erstmals in weitem Umfang genutzt.

962 Der deutsche König Otto I. (936–973) wird in Rom vom Papst zum Kaiser gekrönt und begründet dadurch die bis 1806 andauernde Verbindung des deutschen Königtums mit der (westlichen) Kaiserwürde. Der seither erhobene – aber niemals eingelöste – Anspruch

Kaiser Otto I. und seine erste Gemahlin Editha; Statuen (13. Jahrhundert) im Magdeburger Dom.

auf Universalherrschaft trägt dazu bei, die Ausbildung eines deutschen Nationalstaats lange zu verhindern.

966/967 Mieszko I. († 992), Fürst von Polen, nimmt das lateinische Christentum an. Ein erstes Missionsbistum entsteht spätestens 968 in Posen.

969 Die schiitischen *Fatimiden* erobern Ägypten und setzen damit die von den *Tuluniden* seit 868 eingeleitete Sonderentwicklung des Landes außerhalb des Kalifenreichs fort. Als Hauptstadt gründen sie Kairo in der Nähe der älteren Siedlung al-Fustat.

982 Eiríkr der Rote entdeckt das von ihm so benannte Grönland und leitet dessen Besiedlung von Island aus ein. Sein Sohn Leifr Eiríksson erreicht im Jahre 1000 sogar Amerika; doch bleibt dies ohne dauerhafte Folgen.

987 Mit dem Tod ihres letzten Königs endet die Herrschaft der *Karolinger* auch im Westfränkischen Reich endgültig. Auf dem Thron folgen ihnen die *Kapetinger*. Dieser Thronwechsel ist nachfolgend wiederholt als Geburt Frankreichs gedeutet worden.

988 Großfürst Wladimir (980–1015) lässt sich in seiner Hauptstadt Kiev nach dem Ritus der Ostkirche taufen. In der Folge wird eine russische Kirchenorganisation in Abhängigkeit vom Patriarchen von Konstantinopel errichtet.

vor 1000 Unter starkem toltekischem Einfluss entsteht im Norden Yucatáns eine neue Maya-Kultur. Eines der Zentren ist bis um 1240 Chichén Itzá.

1000 Für Polen wird in Gnesen, für Ungarn in Esztergom je ein eigenes Erzbistum eingerichtet. Fürst Stephan I. (der Heilige; getauft 996, † 1038) von Ungarn erhält vom Papst im Folgejahr die Königskrone. Sein Land tritt damit ebenso wie Polen in den Kreis der europäischen Monarchien ein.

1009 In Annam bildet die *Li-Dynastie* (bis 1225) unter Annahme des Kaisertitels das erste vietnamesische Reich *Dai Viet* (seit 1804 *Viet Nam* genannt). Es ist das einzige in Südostasien, das nie indischem Kultureinfluss unterliegt, sondern kulturell immer auf China ausgerichtet bleibt.

1014 Kaiser Basileios II. (976–1025), unter dem das mittelalterliche Byzantinische Reich seinen Höhepunkt erlebt, vernichtet das (zweite) Reich der Bulgaren.

1024 Mit Kaiser Heinrich II. (seit 1002/1014) erlischt das *Ottonische Haus* im Reich. Sein Nachfolger, König Konrad II. (Kaiser seit 1027; † 1039), begründet die Dynastie der *Salier*.

um 1025 Guido von Arezzo führt die Notierung von Melodien auf Linien im Terzabstand ein.

1025 Mahmud von Ghazni (998–1030), turkstämmiger Beherrscher des Iran, zerstört bei einem seiner Plünderungszüge den Hindu-Tempel von Somnath (Gujarat). Mit ihm dringt der Islam erstmals erfolgreich auf den bis dahin hinduistisch (und zeitweise auch buddhistisch) geprägten Subkontinent vor.

nach 1025 Kaiser Konrad II. (1024/1027–1039) legt in Speyer den Grundstein zum Dom – einer der größten Kirchen der Romanik und später Grablege vieler römisch-deutscher Herrscher.

Dom zu Speyer
(begonnen nach 1025,
geweiht 1061).

1031 Der letzte Kalif aus dem Haus der *Omayyaden* wird aus Córdoba vertrieben. Das muslimische Spanien zerfällt danach in viele Kleinstaaten.

1033 Das Königreich Burgund (*Arelat*) wird mit dem Reich vereinigt. Dieses besteht fortan aus der Ländertrias Deutschland, (Nord-)Italien, Burgund.

1035 Aus dem Erbe des Königs von Pamplona erwachsen im Norden Spaniens die drei christlichen Königreiche Navarra, Aragón und Kastilien.

1037 In Hamadan (Persien) stirbt der bedeutende Philosoph Avicenna, dessen ins Lateinische übersetzte Werke auch in Europa großen Einfluss ausüben.

1042 Nach dem Ende der Dänenherrschaft besteigt mit Eduard dem Bekenner († 1066) wieder ein Angelsachse den englischen Königsthron. Er begründet *Westminster Abbey*.

1044 König Anoratha begründet das erste Birmanische Reich mit der Hauptstadt Pagan.

1046 Auf den *Synoden von Sutri* und Rom lässt Kaiser Heinrich III. (1039/1046–1056) drei rivalisierende Päpste absetzen. Die Macht mittelalterlicher Kaiser erreicht damit ihren Höhepunkt.

1054 Papst und Patriarch von Konstantinopel bannen sich gegenseitig. Damit wird die seit langem präformierte Trennung der christlichen Kirchen des (lateinischen) Westens und des (griechisch-orthodoxen) Ostens endgültig.

1059 In Süditalien entstehen Staaten unter normannischer Herrschaft als Lehen der Päpste.

1062 Yusuf (1061–1106), erster Herrscher der Marokko bis 1147 beherrschenden *Almoraviden*, gründet Marrakesch als neue Hauptstadt.

1066 Wilhelm I., der Eroberer († 1087), Herzog der Normandie, erobert England. Der normannische Adel setzt sich gegen die Angelsachsen bis 1072 hart durch. Die Ereignisse werden später auf dem berühmten *«Teppich» von Bayeux* festgehalten.

1071 In der Schlacht von Mantzikert wird Byzanz von den turkstämmigen Seldschuken entscheidend besiegt. Kleinasien geht der europäischen (griechischen) Zivilisation in der Folge für immer verloren.

«Harold verhandelt mit Wilhelm dem Eroberer», Bildausschnitt: Wandteppich von Bayeux, spätes 11. Jahrhundert.

1076 Die *Almoraviden* erobern die Hauptstadt von Gana, des ersten bekannten schwarzafrikanischen Großreichs, das danach in Bedeutungslosigkeit versinkt.

1077 Der gebannte deutsche König Heinrich IV. (1056–1106, Kaiser seit 1084) unterwirft sich auf der Burg von Canossa Papst Gregor VII. (1073–1085). Der Streit um die Investitur der Bischöfe im Reich wird dadurch aber nicht entschieden.

1078 In Kiew wird die für die russische Sakralarchitektur stilbildende Mariä-Himmelfahrts-Kathedrale fertiggestellt.

1081 Mit Alexios I. († 1118) wird der erste Herrscher aus dem Geschlecht der *Komnenen*, unter denen Byzanz letztmals zur Großmacht aufsteigt, Kaiser in Konstantinopel.

1085 Im Zuge der *Reconquista* (der Ruckeroberung des muslimischen Spanien) erobern die christlichen Heere Toledo, die alte Hauptstadt des Landes.

1086 In England entsteht das *Domesday Book* als Grundkataster und Besitzverzeichnis für das gesamte Königreich. Es gilt später als eine der wichtigsten (sozial-)historischen Quellen des Mittelalters.

1087 In Korea wird die größte Sammlung buddhistischer Schriften auf Holzdruckstöcken vollendet (*Tripitaka Koreana*). Eine zweite – noch erhaltene – Fassung entsteht nach dem Mongolensturm zwischen 1236 und 1251 auf der Insel Kanghwa.

1094 Nach dem Wiederauffinden der Reliquien des Evangelisten Markus wird die bereits um 1070 fertiggestellte Markuskirche in Venedig neu geweiht.

1098 In Cîteaux (Burgund) wird der *Zisterzienserorden* begründet, der in Europa bald maßgeblichen Einfluss ausübt.

1099 Jerusalem wird von den Kreuzfahrern des *Ersten Kreuzzugs* (seit 1096) unter Gottfried von Bouillon († 1100) erobert. Die einheimische muslimische und jüdische Bevölkerung wird dabei ohne Unterschied niedergemacht. Im Jahr darauf wird in Jerusalem ein christliches Königreich begründet. Es besteht bis 1187 bzw. 1244, als bloße Titularherrschaft aber auch noch Jahrhunderte danach.

1102/1106 Nach dem Aussterben der einheimischen Königsdynastie wird Kroatien als eines der *Länder der Stephanskrone* für mehr als 800 Jahre mit Ungarn in Personalunion verbunden.

1119 In Jerusalem wird der *Templerorden* als erster der drei christlichen Ritterorden zum Schutz der Jerusalempilger gegründet.

1122 Mit dem *Wormser Konkordat* gelingt ein Kompromiss im *Investiturstreit* zwischen Kaiser und Papst. Er bedeutet jedoch faktisch auch das Ende des *ottonisch-salischen Reichskirchensystems*.

1125 Mit Kaiser Heinrich V. (seit 1105/1106 König, seit 1111 Kaiser) erlischt das Haus der *Salier* im Reich.

1126 Die Dschurdschen erobern die chinesische Hauptstadt Kaifeng und bilden im Norden Chinas eine neue Dynastie unter dem Namen *Jin*. Ihre Hauptstadt ist seit 1153 erstmals Beijing (Peking), das freilich schon 1215 von den Mongolen erobert wird. Die *Song-Dynastie* wird nach Süden abgedrängt, wo sie 1138 Hangzhou zu ihrer neuen Hauptstadt macht.

1130 Der Normanne Roger II. († 1154) wird mit Zustimmung des Papstes zum (ersten) König von Sizilien gekrönt; zu seinem bis 1860 bestehenden Staat gehört seit 1139 auch ganz Unteritalien.

1138 Mit Konrad III. († 1152) wird der erste *Staufer* zum römisch-deutschen König gewählt und gekrönt.

1139 Alfons I. Henriques († 1185), Graf von *Portucale* seit 1112 bzw. 1128, nimmt den Königstitel an und begründet damit das Königreich Portugal.

um 1140 In Frankreich entsteht mit dem *Liber Sancti Jacobi* ein Reiseführer für die Pilger auf dem nach Santiago de Compostela zum Grab des Apostels Jakob (nach Jerusalem und Rom wichtigstes Wallfahrtsziel im Mittelalter) führenden *Jakobsweg*.

1144 Edessa (= Urfa) wird von den Muslimen erobert. Der dadurch ausgelöste und von Bernhard von Clairvaux (* 1091, † 1153) propagierte *Zweite Kreuzzug* (1147–1149) endet in einem Desaster.

1150 In Angkor, der Hauptstadt des zu dieser Zeit in Blüte stehenden Khmerreichs, wird der hinduistische Tempel *Angkor Vat* als größter jemals errichteter Sakralbau der Erde vollendet.

1152 Friedrich I. Barbarossa († 1190) wird in Aachen als zweiter *Staufer* im Reich zum König gekrönt. Schon 1155 empfängt er in Rom auch die Kaiserkrone.

1154 In England besteigt mit Heinrich II. († 1189) der erste König aus dem Hause *Anjou-Plantagenet* den Thron.

1156 Mit dem *Privilegium minus* trennt Kaiser Friedrich I. (1152/1155–1190) die Markgrafschaft Österreich endgültig von Bayern und erhebt es zum selbständigen, im Hause der *Babenberger* (976–1246) erblichen Herzogtum.

Kaiser Friedrich I. Barbarossa; Farbdruck-Außentitel (um 1915–1918) zu Kaiser Rotbart nach einer Zeichnung von Franz Stassen.

1157 Markgraf Albrecht der Bär († 1170) erobert die slawische Brandenburg. Damit beginnt die planmäßige Kolonisation der Mark Brandenburg durch deutsche Siedler.

1158 Durch kaiserliches Privileg wird die Universität Bologna als älteste in Europa begründet.

1169 In Russland geht die Vorherrschaft von Kiev auf die Großfürsten von Vladimir über.

Westfassade der Kathedrale Notre Dame (begonnen 1163), Paris.

um 1170 In Laon wird die erste frühgotische Kathedrale errichtet, gefolgt von Notre-Dame in Paris. Etwa zur selben Zeit entstehen die byzantinisch inspirierten Mosaike im Dom von Monreale bei Palermo.

1171 In Ägypten wird die schiitische Kalifendynastie der *Fatimiden* durch die kurdischen *Ayyubiden* gestürzt. Ägypten wird danach wieder – und dauerhaft – sunnitisch.

1176 Das Byzantinische Reich wird durch die Niederlage Kaiser Manuels I. (1143–1180) im Kampf gegen die türkischen *Seldschuken* bei Myriokephalon in den Grundfesten erschüttert.

1179 Hildegard von Bingen (*1098), schon von den Zeitgenossen bewunderte Autorin, geistlich und politisch einflussreiche Äbtissin der Benediktinerinnen, stirbt in dem von ihr begründeten Kloster Rupertsberg.

1180 Kaiser Friedrich I. (1152/1155–1190) setzt Heinrich den Löwen († 1195), Herzog von Sachsen (seit 1142) und Bayern (seit 1156), Gründer von Braunschweig, München und Lübeck, nach einem land- und lehnrechtlichen Verfahren ab.

1187 Sultan Saladin (1171/1175–1193) von Ägypten schlägt die Kreuzritter an den *Hörnern von Hattin* und erobert danach Jerusalem. Damit löst er den *Dritten Kreuzzug* aus (1189–1192).

1191 Die Kreuzfahrer unter dem englischen König Richard I. Löwenherz (1189–1199) erobern die Hafenstadt Akkon, können Jerusalem jedoch nicht zurückgewinnen.

1192 In Japan nimmt Minamoto no Yoritomo († 1198), der anstelle des Kaisers faktisch regiert, stilbildend bis 1867/1868 den Titel eines *Shoguns* (= Militäradministrator) an. Nach der Residenz der Shogune wird die nachfolgende Zeit bis 1333 *Kamakura-Periode* genannt.

1194 Kaiser Heinrich VI. (1190/1191–1197) wird als Gemahl der Erbin auch König von Sizilien und vereinigt damit ganz Italien unter seiner Herrschaft. Daraus erwächst eine dauerhafte Feindschaft des Papsttums gegenüber den Staufern.

1196 Am Widerstand des Papstes und der Reichsfürsten scheitert der Plan Kaiser Heinrichs VI. (1190/1191–1197), das Reich zur Erbmonarchie umzugestalten. Deutschland bleibt damit (im Unterschied etwa zu Frankreich und England) weiterhin Wahlmonarchie.

1198 Im Reich kommt es zu einer verhängnisvollen Doppelwahl. Der bis 1214 bzw. 1218 andauernde Thronstreit zwischen *Staufern* und *Welfen* schwächt die Reichsgewalt entscheidend.

um 1200 Das *Nibelungenlied* entsteht.

1203 Aus diesem Jahr datiert das einzige erhaltene Dokument zum Leben Walthers von der Vogelweide, des bedeutendsten mittelhochdeutschen Dichters.

1204 Die Teilnehmer des umgeleiteten *Vierten Kreuzzugs* unter dem Dogen von Venedig erobern Konstantinopel und begründen hier vorübergehend ein *Lateinisches Kaiserreich*. Das Klima zwischen «Franken» und Griechen wird dadurch gründlich und dauerhaft vergiftet.

1208–1211/14 Auf Geheiß von Innozenz III. (1198–1216), dem bedeutendsten Papst des hohen Mittelalters, wird im Süden Frankreichs ein «Kreuzzug» gegen vorgebliche Häretiker (*Albigenser*, *Katharer*) durchgeführt. Damit beginnt das Zeitalter der beispiellos gewalttätigen Ketzerverfolgung.

1214 In der Schlacht bei Bouvines siegt Philipp II. *Augustus* (1180–1223), der bedeutendste französische König im Mittelalter, über die Engländer und ihre Verbündeten. Damit bricht nicht nur die Herrschaft des englischen Königs auf dem Festland zusammen, auch der deutsche Thronstreit wird zugunsten des *Staufers* Friedrich II. entschieden.

1215 Der englische König Johann Ohneland (1199–1216) erlässt die *Magna Carta libertatum*, ein Gesetz zum Rechtsschutz aller Freien, das später zum ersten Grundgesetz der freiheitlichen englischen Verfassung umgedeutet wird.

1216 Mit der Gründung des *Dominikaner-Ordens* (er ist mit der Ketzerverfolgung betraut) entsteht der neue Typ des Bettelordens.

1220 Der römisch-deutsche König (seit 1212/1215) Friedrich II. († 1250) wird in Rom zum Kaiser gekrönt; danach hält er sich jedoch fast nur noch in seinem Königreich Sizilien auf, das er zum Musterstaat entwickelt.

1223 Der Papst bestätigt den von Franz von Assisi († 1226) gegründeten *Franziskanerorden* als zweiten Bettelorden.

1224–1231 Eike von Repgow konzipiert den *Sachsenspiegel*, das älteste und einflussreichste deutsche Rechtsbuch.

1227 Vor Yinchuan in China stirbt Dschingis Khan, der Begründer des Mongolischen Weltreichs. Nachfolger wird 1229 sein Sohn Ögödei (bis 1241).

1231 Der *Deutsche Orden* beginnt – von einem polnischen Fürsten damit beauftragt – sein Eroberungswerk im Kampf gegen die noch heidnischen *Prußen*.

1232 Nach dem Gesetz zugunsten der geistlichen Fürsten im Reich (1220) erlässt Kaiser Friedrich II. (1212/1215–1250) mit dem *Statutum in favorem principum* ein solches Gesetz auch für die weltlichen Fürsten. Die Entwicklung zur Landesherrschaft wird damit reichsrechtlich bestätigt.

1237–40 Die Mongolen unter Khan Batu († 1256) erobern große Teile Russlands (u. a. Kiev 1240). Sie begründen dort das *Reich der*

Goldenen Horde, dem fortan alle russischen Fürstentümer in Tributherrschaft unterstehen.

1238 Die Thai bilden ein erstes Reich mit dem Zentrum Sukothai in Gebieten, die bis dahin zum Khmerreich gehört hatten.

1241 Die Mongolen vernichten ein polnisch-deutsches Ritterheer in Schlesien, ziehen aber auf die Nachricht vom Tode des Großkhans (seit 1229) Ögödei ab.

1248 In Köln wird der Grundstein zum Neubau des (gotischen) Doms nach dem Vorbild der Kathedrale von Amiens gelegt. Etwa zur selben Zeit werden die *Sainte Chapelle* in Paris und das Jagdschloss *Castel del Monte* in Apulien vollendet, während der Bau der *Alhambra* von Granada gerade beginnt.

1249 Mit der Eroberung Andalusiens durch Kastilien und der Algarve durch Portugal kommt die *Reconquista* auf der Iberischen Halbinsel zu einem vorläufigen Abschluss. Portugals Grenzen liegen damit als die ältesten in Europa dauerhaft fest.

1250 (2. Mai) In Ägypten wird die *Ayyubidendynastie* gestürzt. Die *Mameluken* (Militärsklaven meist türkischer Herkunft) übernehmen die Macht.

1250 (13. Dezember) Kaiser (seit 1212/1215 König, seit 1220 Kaiser) Friedrich II. stirbt in Apulien; sein Sohn Konrad IV. († 1254) folgt ihm als letzter *Staufer* im Reich.

1253 Der Papst entsendet den Bettelmönch Wilhelm von Rubruk an den Hof des Großkhans der Mongolen, um ihn für ein Bündnis gegen die Muslime zu gewinnen. Wilhelm kehrt 1255 ohne Ergebnisse zurück.

1258 Die Mongolen unter Hülegü, Begründer der Dynastie der *Ilchane* im Iran (bis 1335), erobern Bagdad, die Hauptstadt der *abbasidischen* Kalifen; deren Herrschaft erlischt damit nach langer Agonie.

1259 Im *Frieden von Paris* verzichtet der englische König auf seinen gesamten Festlandbesitz in Frankreich, mit Ausnahme der Gascogne.

1261 Die Griechen erobern Konstantinopel zurück und bereiten dem *Lateinischen Kaiserreich* damit ein Ende. Michael VIII. (1258/1261–1282) begründet die letzte byzantinische Dynastie – die der *Palaiologen*.

1268 Karl von Anjou († 1285) wird durch seinen Sieg über den jungen Konradin bei Tagliacozzo endgültig König von Sizilien. Konradin wird noch im selben Jahr in Neapel hingerichtet. Mit ihm erlischt das *Staufergeschlecht* und das Herzogtum Schwaben.

1270 In Äthiopien, dem isolierten einzigen christlichen Reich Afrikas, gelangt mit Jekuno Amlak († 1285) eine bis 1974 regierende Dynastie auf den Kaiserthron, die sich vom biblischen König Salomo und der Königin von Saba ableitet.

1273 Mit der Wahl Rudolfs, des Grafen von *Habsburg* († 1291), zum römisch-deutschen König endet das *Interregnum* (= die «kaiserlose Zeit» seit 1254/1256) im Reich.

1274 Der Dominikaner Thomas von Aquin stirbt. Er wird 1323 heiliggesprochen und 1567 als Begründer einer streng rational ausgerichteten Theologie zum Kirchenlehrer erhoben.

1279 Die Mongolen, die seit 1234 schon den Norden Chinas beherrschen, erobern auch den reichen Süden des Landes und vertreiben die dort noch regierende *Song-Dynastie*. Khublai Khan (1260–1294; als Kaiser von China unter dem Namen Shizu) einigt damit das Reich erneut und begründet die *Yuan-Dynastie* mit der Hauptstadt Beijing.

1281 Die Japaner wehren ein zweites Mal nach 1274 den Angriff einer gewaltigen Streitmacht der Mongolen ab. Khublai Khan (1260–1294), der dieses größte maritime Unternehmen der Geschichte vor dem 20. Jahrhundert befohlen hat, scheitert damit erstmals mit seinen expansionistischen Zielen.

1282 (4. September) Ein von Aragón und Byzanz unterstützter Aufstand (*Sizilianische Vesper*) fegt die Herrschaft Karls von Anjou (1266–1285), der fortan auf Unteritalien beschränkt bleibt, auf Sizilien hinweg. Die Insel selbst bleibt danach bis 1713 mit Aragón bzw. Spanien verbunden.

1282 (27. Dezember) Der römisch-deutsche König Rudolf I. (1273–1291) belehnt nach seinem Sieg über König Ottokar II. von Böhmen (1253–1278) auf dem Marchfeld (1278) seine Söhne mit Österreich, der Steiermark und Krain und legt damit den Grundstein für die territoriale Hausmacht der *Habsburger*.

1290 Mit Sultan Kaikubad endet die erste Phase islamischer Herrschaft in Nordindien unter der *Sklavendynastie* (seit 1206). Sie wird gefolgt von den Dynastien *Childschi* (1290–1320), *Tughluk* (1320–1414), *Sajjjd* (1414–1451) und *Lodi* (1451–1526).

1291 (18. Mai) Mit der Eroberung Akkons durch die *Mameluken* fällt der letzte Stützpunkt der Kreuzfahrer im Heiligen Land.

1291 (1. August) Ein Bund der drei Talgemeinden Uri, Schwyz und Unterwalden zur Friedenswahrung wird später als Gründungsakt der *Schweizerischen Eidgenossenschaft* gedeutet. Die Datierung des Bundesbriefs ist jedoch unsicher; sie fällt wohl eher in die Jahre 1308/1309.

1293 In Peking wird mit Duldung des Großkhans und Kaisers ein lateinisches Erzbistum für China begründet.

1295 Dem *Model Parliament* gehören in England neben Prälaten und Baronen auch Vertreter der Ritter, Städte und des einfachen Klerus an.

1298 Mit dem Bankrott der *Bonsignori* endet die Vorherrschaft der Banken von Siena in Europa; sie geht danach auf die Häuser *Bardi*, *Peruzzi* und *Acciaiuoli* in Florenz über. Das moderne Bankwesen ist eine italienische Innovation des 13. Jahrhunderts – mit Rückwirkungen auf den Fachjargon bis zur Gegenwart.

1298/99 Der Venezianer Marco Polo (*1254, † 1324) diktiert in genuesischer Gefangenschaft den in ganz Europa viel gelesenen Bericht über seinen Aufenthalt in China (1271–1295).

um 1300 Der türkische *Beg* Osman I. Ghazi († 1324/1326) tritt seine Herrschaft in einem kleinen Bereich Bithyniens an und begründet damit das nach seinem Tod rasch expandierende *Osmanische Reich*.

1301 In Ungarn erlischt mit den *Árpáden* das erste Königsgeschlecht. Außer den Jahren 1458–1490 tragen fortan bis 1918 stets Ausländer die *Stephanskrone*.

1302 Papst (seit 1294) Bonifaz VIII. verkündet mit der *Bulle Unam Sanctam* die Doktrin von der Überordnung des Papstes über alle weltlichen Gewalten. Auf Betreiben des französischen Königs wird er daraufhin gefangengenommen und stirbt bald danach (1303). Dies bezeichnet die Peripetie der politischen Macht des Papsttums.

1304 Erstmals wird eine (Räder-)Uhr erwähnt. Weite Verbreitung finden Uhren jedoch erst nach entscheidenden technischen Verbesserungen im frühen 16. Jahrhundert.

1308 Nach der Ermordung Albrechts I. (seit 1298) wird Heinrich VII., Graf von *Luxemburg*, zum römisch-deutschen König gewählt. Als Hoffnung Dantes wird er 1312 zum Kaiser gekrönt, stirbt aber schon im Jahr danach.

1309 Der Papst verlegt seine Residenz von Rom nach Avignon, der *Johanniterorden* seinen Sitz von Zypern nach Rhodos, der *Deutsche Orden* den seinen von Venedig auf die Marienburg in Preußen.

1310 Nach dem Aussterben des Königshauses der *Přemysliden* in Böhmen (1306), die dort seit dem 9. Jahrhundert regierten, belehnt der römisch-deutsche König Heinrich VII. (1308–1313) seinen Sohn Johann († 1346) mit diesem größten Territorium des Reiches.

1312 Auf Betreiben Philipps IV. von Frankreich (1285–1314) wird der *Templerorden* aufgehoben. Soweit sein Besitz nicht vom Staat eingezogen wird, geht er auf den 1137 gegründeten *Johanniterorden* über. In Portugal tritt der 1317/1319 gestiftete *Christusorden* die Nachfolge an.

1314 Im Reich kommt es erneut zur Doppelwahl: Im Thronstreit setzt sich 1322 der *Wittelsbacher* Ludwig IV. von Bayern († 1347) gegen die *Habsburger* endgültig durch.

1319 In Norwegen, dem seinerzeit stabilsten der nordischen Reiche, erlischt das Königsgeschlecht. Das Land wird nachfolgend fast ununterbrochen in Personalunion entweder mit Schweden (1319–1343, 1362–1363, 1814–1905) oder Dänemark (1380–1814) regiert und bildet so während der längsten Zeit seiner Geschichte nur ein Nebenland.

1320 Mit der Königskrönung Władisławs I. Łokietek in Krakau wird Polen wieder geeint. Unter dem letzten *Piasten* Kasimir dem Großen (1333–1370) erlebt das Land einen bedeutenden Aufschwung.

1321 In Ravenna stirbt Dante Alighieri (*1265), Schöpfer der *Commedia* («Göttliche Komödie») und Italiens bekanntester Dichter.

1324 Mansa Mussa (1312–1337), unter dem das westafrikanische Großreich *Mali* (12.–17. Jahrhundert) seinen Höhepunkt erlebt, unternimmt an der Spitze von 60 000 Bediensteten die Wallfahrt nach Mekka.

Der Dichter Dante Alighieri; Gemälde von Domenico di Michelino, 1465.

1326 Der osmanische Sultan Orkhan (1326–1359) erobert Bursa und macht es zu seiner Hauptstadt.

seit 1326 In Europa werden die ersten – vorläufig freilich noch wenig effektiven – Feuerwaffen entwickelt.

1328 In Frankreich folgt dem direkten männlichen Zweig der *Kapetinger*, die das Land seit 987 regierten, die Nebenlinie *Valois*. König Eduard III. (1327–1377) von England beansprucht als Enkel Philipps IV. des Schönen aber ebenfalls den Thron.

1337 In Florenz stirbt der Maler und Baumeister Giotto di Bondone – ein wichtiger Wegbereiter der *Renaissance*.

1338 In Japan gelangt die Familie *Ashikaga* mit der Übernahme des Shogunats an die Macht. Nach ihrer Residenz wird die Zeit bis 1573 auch *Muromachi-Periode* genannt.

1339 Am Anspruch des englischen Königs auf den französischen Thron entzündet sich der *Hundertjährige Krieg* zwischen England und Frankreich. Er ist für die Ausbildung einer nationalen Identität in beiden Ländern von großer Bedeutung.

1341 Ein Genuese entdeckt die Kanarischen Inseln wieder. Bald danach werden auch die Azoren und Madeira entdeckt. Diese Inseln sind in der Folge das «Laboratorium» zur Ausbildung der Mechanismen europäischer Kolonialherrschaft in Übersee.

1341 Der italienische Frühhumanist Francesco Petrarca (*1304, † 1374) wird in Rom zum Dichter (*poeta laureatus*) gekrönt. Seine Lyrik gilt in Europa für Jahrhunderte als vorbildlich.

1346 (16. April) Mit der Annahme des Kaisertitels durch Stephan Dušan (1331–1355) erreicht das Serbische Großreich den Höhepunkt seiner Macht.

1346 (11. Juli) Im Reich wird der *Luxemburger* Karl IV. († 1378) zum neuen König gewählt; er setzt sich freilich erst nach dem Tode Ludwigs des Bayern (1347) endgültig durch.

1346 (26. August) Die Engländer erringen im *Hundertjährigen Krieg* bei Crécy einen entscheidenden Sieg über die Franzosen und erobern 1347 auch Calais.

1347–50 Die erste große Pestwelle zieht von Sizilien bis Norwegen über Europa hinweg. Sie erreicht 1348/1349 ihren Höhepunkt und führt mit Ausnahme von Polen und Böhmen überall zu dramatischen Bevölkerungsverlusten mit einschneidenden sozialen und politischen Konsequenzen.

1348 Die erste Universität im Reich nördlich der Alpen wird in Prag gegründet.

1353 Nach Luzern (1332), Zürich (1351), Glarus und Zug (1352) wird das wichtige Bern Mitglied der *Eidgenossenschaft*. Zusammen mit den drei Urkantonen bilden diese Städte die *Acht alten Orte* der Schweiz.

1354 Die türkischen Osmanen erobern Gallipoli an den Dardanellen und damit ihren ersten europäischen Besitz. 1365 wird die Hauptstadt von Bursa ins europäische Adrianopel (Edirne) verlegt.

1356 Kaiser Karl IV. (1346–1378) erlässt die *Goldene Bulle*, mit der das Kurfürstenkolleg (das de facto schon hundert Jahre besteht) aus sieben bevorrechtigten Königswählern reichsrechtlich bestätigt wird.

1368 In China wird die Mongolenherrschaft gestürzt. Mit Kaiser Hongwu (= Taizu; † 1398) gelangt das letzte nationale Herrschergeschlecht zur Macht – die *Ming-Dynastie*. Unter ihrer Herrschaft erhält im 15. Jahrhundert die schon seit dem 3. vorchristlichen Jahrhundert angelegte Große Mauer (6250 km) ihre heutige Form und Ausdehnung. Hauptstadt ist zunächst Nanjing, seit 1421 jedoch wieder Beijing.

1370 (24. Mai) Im *Frieden von Stralsund* gewährt der dänische König Waldemar IV. Atterdag (1340–1375) den Hansestädten völlige Handelsfreiheit in seinem Reich. Der Friede gilt als Höhepunkt in der Geschichte der Hanse.

1370 (5. November) Mit dem Tod Kasimirs III. (seit 1333) erlischt der königliche Zweig der *Piasten* – des ersten polnischen Herrscherhauses.

1371 Der erste *Ming*-Kaiser Hongwu (=Taizu; 1368–1398) komplimentiert die letzten Europäer aus China hinaus. Das Erzbistum Peking muss aufgegeben werden. Damit endet der erste Versuch einer christlichen Mission in Ostasien.

1377 Papst (seit 1370) Gregor XI. verlegt den Sitz der Kurie von Avignon zurück nach Rom.

1378 Nach dem Tod von Papst Gregor XI. küren die Kardinäle in zwiespältiger Wahl zwei Päpste, von denen der eine in Rom verbleibt, während der andere seinen Sitz wieder in Avignon nimmt. Damit kommt es zur Kirchenspaltung, dem *Großen Abendländischen Schisma*.

1384 Herzog Philipp II. der Kühne von Burgund (1363–1404) fügt seinem Besitz durch das Erbe seiner Frau zahlreiche weitere Territorien im Reich wie in Frankreich hinzu und bildet damit den Kern eines neuen burgundischen «Mittelreichs».

1385 Mit dem Sieg von Aljubarrota setzt Johann (I.; † 1433), Ordensmeister von *Avis*, seinen Anspruch auf den Thron Portugals nach dem Erlöschen des ersten Herrscherhauses (1383) gegen Kastilien durch. 1386 wird das Bündnis Portugals mit England – es ist das älteste und dauerhafteste in Europa – durch den *Vertrag von Windsor* bekräftigt.

1386 (4. März) Nach seiner Heirat mit der polnischen Königin Hedwig (1384–1399) wird der litauische Großfürst Jagiełło († 1434) als Władisław II. zum polnischen König gekrönt. Er begründet damit eine – freilich wiederholt unterbrochene – Personalunion zwischen Polen und Litauen.

1386 (9. Juli) Die Eidgenossen verteidigen ihre Freiheit durch den Sieg von Sempach über die Habsburger.

1389 In der *Schlacht auf dem Amselfeld* werden die Serben, die danach seine Vasallen werden, vom osmanischen Sultan Murat I. (1359–1389) besiegt.

1391 Acamapichtli, der erste Aztekenherrscher (seit 1371), stirbt. Seine Nachfolger erweitern das noch kleine Territorium im Becken von Mexiko zum Großreich.

1392 Sturz des *Koryo*-Reiches in Korea: Die *Yi-Dynastie* begründet das neue – stark konfuzianisch geprägte – Reich *Choson*. Neue Hauptstadt wird 1394 Seoul.

1393 Die Osmanen besetzen die bulgarische Hauptstadt Trnovo und entthronen den letzten Bulgarenzaren. 1396 vernichten sie mit dem *Despotat* Vidin den letzten bulgarischen Staat.

1395 Timur Läng, Herrscher in Zentralasien 1380–1405, besiegt die *Goldene Horde*, wodurch sich den russischen Fürsten größere Spielräume zu eigenständiger Politik eröffnen.

1397 *Kalmarer Union* zwischen Dänemark, Norwegen und Schweden: Königin Margarete I. lässt ihren Großneffen in einem Akt zum König der drei Reiche krönen. Die Union besteht unangefochten jedoch nur bis 1448.

1402 Timur Läng, Herrscher in Zentralasien von 1380 bis 1405, besiegt die Osmanen bei Ankara und nimmt den Sultan gefangen. Das Byzantinische Reich erlangt dadurch eine letzte Gnadenfrist.

1410 In einer der größten Ritterschlachten des Mittelalters unterliegt der Deutsche Orden dem polnisch-litauischen Heer bei Tannenberg in Preußen (polnisch: *Grunwald*). Hochmeister (seit 1407) Ulrich von Jungingen, fast alle *Großgebietiger* und 205 Ordensritter fallen in der

Schlacht. Im *1. Thorner Frieden* (1411) muss der Orden Gebiete an Litauen abtreten und an Polen hohe Lösegelder bezahlen.

1414–1418 Auf Initiative des römisch-deutschen Königs Sigismund (1410–1437) tagt in Konstanz das Konzil, auf dem das *Große Abendländische Schisma* mit der Absetzung dreier konkurrierender Päpste und der Wahl Martins V. (1417–1431) überwunden wird.

1415 (30. April) Der römisch-deutsche König Sigismund (1410–1437) überlässt dem Burggrafen von Nürnberg die markgräfliche und kurfürstliche Würde in der Mark Brandenburg. Damit beginnt die bis 1918 andauernde Herrschaft der *Hohenzollern* in der Mark bzw. Preußen.

1415 (6. Juli) Der tschechische Reformator und Kirchenkritiker Jan Hus wird auf dem *Konstanzer Konzil* trotz der Zusicherung freien Geleits als hartnäckiger Ketzer verurteilt und verbrannt. Dies löst die bis 1436 andauernden *Hussitenkriege* aus.

1415 (21. August) Der König von Portugal erobert zusammen mit seinen Söhnen Ceuta an der afrikanischen Küste der Meerenge von Gibraltar. Dies bildet den Auftakt zu den vom *Infanten* Heinrich (*dem Seefahrer*; † 1460) systematisch betriebenen Entdeckungsreisen der Portugiesen entlang der afrikanischen Küste.

1415 (25. Oktober) Der englische König Heinrich V. (1413–1422) nimmt den Krieg in Frankreich wieder auf und erringt einen triumphalen Erfolg bei Azincourt.

1416 Die Brüder Pol, Hermant und Jan von Limburg, Schöpfer des meisterhaften Stundenbuchs *Les très riches heures du Duc de Berry*, sterben in Bourges – wohl an der Pest.

1420 Im *Vertrag von Troyes* erreichen die siegreichen Engländer, dass der Anspruch ihres Königs auf die Thronfolge in Frankreich anerkannt wird. Der französische *Dauphin* Karl (VII.; in Frankreich 1422/1429–1461) bildet jedoch eine Gegenregierung, die südlich der Loire weitgehend anerkannt ist.

1429 Das Bauernmädchen Jeanne d'Arc aus Lothringen (1431 als Hexe in Rouen verbrannt) erscheint vor dem *Dauphin* in Chinon, um ihn von ihrer göttlichen Vision zur Befreiung Frankreichs zu überzeugen. Sie erreicht die Aufhebung der Belagerung von Orléans durch die Engländer und führt den Dauphin anschließend zur rechtmäßigen Krönung als König von Frankreich nach Reims.

1429 In Rom stirbt Masaccio, der zusammen mit Filippo Brunelleschi († 1446) als Entdecker der Zentralperspektive und Begründer der *Renaissance*-Malerei gilt.

1431 Die Thai erobern die Khmer-Hauptstadt Angkor, die 1434 zugunsten von Phnom Penh aufgegeben wird. Viele kulturelle Traditionen der Khmer werden von den Thai übernommen.

1432 Der *Genter Altar* – Hauptwerk der Brüder Jan und Hubert van Eyck – leitet eine neue Ära der Malerei nördlich der Alpen ein.

1434 Auf kaiserlichen Befehl werden die bis an die Küsten Arabiens und Ostafrikas vorangetriebenen Entdeckungsfahrten des chinesischen Seefahrers Zheng He eingestellt; im selben Jahr beginnt mit der Umschiffung des bis dahin als äußerste Grenze der Seefahrt geltenden Kap Bojador (Westsahara) durch den Portugiesen Gil Eanes die Erfolgsgeschichte der maritimen europäischen Expansion und Welteroberung.

1435 König Karl VII. von Frankreich (1422–1461) schließt zu Arras einen Sonderfrieden mit Burgund und erhält dadurch freie Hand gegen die Engländer, von denen er schon im nächsten Jahr Paris zurückgewinnen kann.

1437 Kaiser Sigismund (seit 1410/1433) stirbt; im Reich wie in seinen Königreichen (Ungarn und Böhmen) folgt ihm sein Schwiegersohn, Albrecht II. († 1439). Mit diesem gelangt das *Haus Habsburg* dauerhaft (bis 1740) an die Spitze des Reiches.

1438 Unter dem neuen Herrscher (bis 1471) Pachacutec Yupanqui beginnt die gewaltige Expansion des Inka-Reiches in Südamerika – des größten aller präkolumbianischen Indianerreiche.

1440 Im Reich wird der *Habsburger* Friedrich III. († 1493) zum König gewählt; als letzter römisch-deutscher Herrscher empfängt er 1452 vom Papst in Rom die Kaiserkrone.

1441 Der portugiesische Seefahrer Nuno Tristão erreicht das Cabo Blanco in Mauretanien. Erstmals werden schwarze Sklaven nach Europa gebracht.

1442 König Alfons V. von Aragón (1416–1458) erobert das Königreich Neapel und stürzt hier die *Anjou* endgültig. Die Krone Aragón beherrscht fortan das westliche Mittelmeer.

1448 Das nordische Unionskönigtum endet. Nur Dänemark und Norwegen bleiben unter der neuen Dynastie der *Oldenburger* in Personalunion vereinigt; Schweden geht mit der Wahl einheimischer Könige und Regenten eigene Wege.

1453 (29. Mai) Der osmanische Sultan Mehmet II. *Fatih* (1451–1481) erobert Konstantinopel und setzt der byzantinischen Geschichte damit ein Ende. Der Sultan führt seither auch den persischen Kaisertitel *Padischah*.

1453 (19. Oktober) Mit der Kapitulation von Bordeaux endet der *Hundertjährige Krieg* ohne förmlichen Friedensschluss. Die unterlegenen Engländer behaupten auf dem Festland fortan nur noch Calais.

1454 Mit dem *Frieden von Lodi* wird die italienische Staatenwelt als Pentarchie (Mailand, Venedig, Florenz, Papst, Neapel) stabilisiert.

Initiale «I» aus der 42-zeiligen Bibel (1455) Johannes Gutenbergs.

1455 Johannes Gutenberg aus Mainz, der zwischen 1445 und 1450 die Technik des Buchdrucks mit beweglichen Lettern entwickelt und dadurch die erste Medienrevolution in Gang gesetzt hat, druckt seine 42-zeilige Bibel.

1457 Der polnische König Kasimir IV. (1444–1492) hält Einzug auf der Marienburg. Der *Hochmeister* des *Deutschen Ordens* verlegt seinen Sitz daraufhin nach Königsberg.

1466 (19. Oktober) Im *2. Thorner Frieden* muss der Deutsche Orden weitere Gebiete (wie etwa das Ermland) an Polen abtreten. Das Restgebiet (Ostpreußen) wird polnischer Lehenshoheit unterstellt.

1466 (13. Dezember) In Florenz stirbt Donatello, Schöpfer der ersten frei stehenden Aktfigur *(David,* 1427) und des ersten Reiterstandbilds *(Gattamelata* in Padua, 1453) seit der Antike.

1467 In Japan beginnt ein Bürgerkrieg; die Macht der *Ashikaga*-Shogune verfällt immer mehr. Es beginnt die Zeit der «kämpfenden Provinzen» *(Sengoku*; bis 1568).

1468 Mit dem Tod Skanderbegs, des albanischen Nationalheroen, erlischt der letzte Widerstand gegen die Türkenherrschaft auf dem Balkan.

Großinquisitor Kardinal Fernando Nino de Guevara; Ölgemälde von El Greco, um 1596–1600.

1474 Isabella von Kastilien († 1504) und Ferdinand V. von Aragón († 1516) – seit 1469 ein Ehepaar – treten gemeinsam die Regierung in Kastilien an und bereiten damit die Einigung der Iberischen Halbinsel (ohne Portugal) vor.

1476 In Rom stirbt Regiomontanus (= Johannes Müller aus Franken), der bedeutendste europäische Mathematiker und Astronom seit der Antike.

1477 Nach Niederlagen gegen die Eidgenossen bei Grandson und Murten (1476) fällt Herzog (seit 1467) Karl der Kühne von Burgund vor Nancy in einer weiteren Schlacht. Um ihr Erbe zu verteidigen, heiratet seine Tochter Maria noch im selben Jahr Maximilian (I.), den Sohn des Kaisers.

1478 Papst Sixtus IV. (1471–1484) veranlasst die Einrichtung der spanischen *Inquisition*. Bis zu ihrer endgültigen Abschaffung 1834 sollen ihr mehr als 300 000 Menschen zum Opfer gefallen sein.

1479 Im *Vertrag von Alcaçovas* grenzen Portugal und Kastilien ihre Interessensphären im Atlantik gegeneinander ab. Von den Inseln behauptet Kastilien nur die Kanaren; Portugal erhält dafür das Monopol auf alle weiteren Entdeckungen in Afrika.

1480 Der Moskauer Großfürst Iwan III. (1462–1505) schüttelt endgültig die freilich nur noch formal bestehende Oberherrschaft der Tataren ab.

1482 Die Portugiesen begründen im heutigen Ghana Faktorei und Fort São Jorge da Mina, für Jahrhunderte der wichtigste Stützpunkt für den transatlantischen Handel der Europäer mit afrikanischen Sklaven.

1484 Der Papst erlässt eine Bulle, mit der die Hexenverfolgung kirchenrechtlich legitimiert wird.

1485 In England stürzt Heinrich VII. († 1509), der erste *Tudor*-König, das *Haus York* und beendet damit das Zeitalter (seit 1455) der *Rosenkriege*.

1487/88 Der portugiesische Seefahrer Bartolomeu Dias umschifft als erster Europäer die Südspitze Afrikas und entdeckt auf der Rückreise das *Kap der Guten Hoffnung*.

1490 Matthias *Corvinus*, letzter einheimischer König (seit 1458) Ungarns und bedeutender Förderer des Humanismus, stirbt in Wien.

1492 (2. Januar) Isabella und Ferdinand von Kastilien nehmen nach langem Krieg die Kapitulation Granadas entgegen – des letzten muslimischen Staates auf der Iberischen Halbinsel. Bald danach beauftragen sie den Genuesen Christoph Kolumbus mit der Entdeckung des Seeweges nach Ostasien und Indien in westlicher Richtung.

1492 (12. Oktober) Kolumbus landet auf Guanahani (San Salvador), einer kleinen Insel der Bahamas und entdeckt damit – ohne es selbst je zu erkennen – eine neue Welt: *Amerika*.

Christoph Kolumbus landet auf Guanahani; Kupferstich von Th. de Bry, 1594.

1493 Kaiser (seit 1440/1452) Friedrich III. stirbt; im Reich folgt ihm sein Sohn Maximilian I. († 1519), der im *Frieden von Senlis* vom selben Jahr einen Großteil der burgundischen Erbschaft behaupten kann.

1494 (7. Juni) Auf Grundlage einer päpstlichen Bulle grenzen Portugal und Kastilien im *Vertrag von Tordesillas* ihre Interessensphären im Atlantik ab. Kastilien erhält das exklusive Entdeckungsrecht jenseits einer von Pol zu Pol 2100 Kilometer westlich der Azoren verlaufenden Linie.

1494 (September) Unter Berufung auf Erbansprüche greift König Karl VIII. (1483–1498) von Frankreich in (Süd-)Italien ein; damit wird ein bis 1559 andauerndes Ringen zwischen Frankreich und der Krone Aragón bzw. dem *Hause Habsburg* um die Vorherrschaft in Italien eröffnet.

1495 Auf dem *Reichstag von Worms* wird die lange angestrebte Reichsreform mit der Verkündung eines ewigen Landfriedens, der Einrichtung eines Reichskammergerichts und der Erhebung einer allgemeinen Reichssteuer wenigstens teilweise verwirklicht.

1496 Die *Habsburger* schließen eine doppelte Eheverbindung mit dem Hause Kastilien, durch die sie einen Thronanspruch in Spanien gewinnen (eingelöst 1516 durch Karl I. bzw. V., *1500).

1497 Der Genuese Giovanni Caboto (englisch John Cabot) erreicht in englischem Auftrag noch vor den Spaniern Nordamerika.

1497–99 Der Portugiese Vasco da Gama befährt als erster Europäer die Seeroute um das Kap der Guten Hoffnung nach Indien, wo er 1498 landet.

1499 Mit dem *Frieden von Basel* scheidet die Schweiz de facto aus dem Reichsverband aus.

1500 Auf einer Indienfahrt entdeckt der Portugiese Cabral in der Folge von Navigationsfehlern Brasilien und nimmt es für seine Krone in Besitz.

1502 Ismail, Begründer der *Safawiden-Dynastie*, nimmt den Titel eines Schah-in-Schah (Kaisers) an. Er ist der Schöpfer des modernen

Iran, den er bis zu seinem Tod 1524 fast vollständig erobert. Erst unter ihm und seinen Nachfolgern werden die Iraner dauerhaft für das *schiitische* Bekenntnis gewonnen.

1503 In Sevilla und in Lissabon wird jeweils ein königliches Handelshaus mit dem Monopol für den Überseehandel begründet.

1505 In Polen wird die Macht des Königs durch ein neues Verfassungsgesetz drastisch beschränkt; das Land wandelt sich zur Adelsrepublik.

1506 Unter der Leitung von Bramante (*1444, † 1514) beginnt der Neubau des *Petersdoms* in Rom. Seine Kuppel wird seit 1546 unter der Bauleitung von Michelangelo (*1475, † 1564), der Bau insgesamt 1626 vollendet.

1510 Die Portugiesen erobern Goa in Indien und machen es zum Zentrum aller ihrer Besitzungen östlich des Kaps der Guten Hoffnung.

1511 Die Portugiesen erobern mit Malakka die Drehscheibe des Handels zwischen Indien und China. Gleichzeitig beginnen die Spanier mit der Besiedlung Cubas.

1513 Vasco Núñez de Balboa sichtet als erster Europäer nach Überquerung der Landenge von Panama den Pazifik von Amerika aus.

1513 Niccolò Machiavelli (*1469, † 1527) aus Florenz vollendet seinen *Principe* (*Der Fürst*; erstmals gedruckt 1532), in dem die Staatsräson zum obersten Prinzip erhoben wird.

1516 (23. Januar) Die Länder der Kronen Kastilien und Aragón werden unter der Herrschaft Karls I. (eines *Habsburgers*; abgedankt 1556) de facto zum Königreich Spanien vereinigt.

1516 (9. August) In s'Hertogenbosch wird der niederländische Maler Hieronymus Bosch (* um 1450) begraben – Schöpfer rätselhaft surrealer Werke.

1517 Martin Luther (*1483, † 1546) veröffentlicht in Wittenberg 95 Thesen, in denen er das päpstliche Ablasswesen kritisiert. Sie finden einen gewaltigen Widerhall im Reich und erschüttern binnen kurzem die Autorität von Kirche und Papst in den Grundfesten.

1518 (oder danach) Nach der Einverleibung Ägyptens und des Hedschas (mit Mekka und Medina) in das Osmanische Reich (1517) durch Padischah Selim I. *Yavuz* (1512–1520) wird gemäß einer jedoch erst im ausgehenden 18. Jahrhundert begründeten Tradition der Titel eines *Kalifen* (= Oberhaupt der sunnitischen Muslime) auf die osmanischen Sultane übertragen.

1519 (2. Mai) In einem Schloss bei Amboise an der Loire stirbt das italienische Universalgenie Leonardo da Vinci (* 1452) – Maler, Bildhauer, Baumeister, Zeichner, Techniker und Naturforscher.

1519 (28. Juni) Im Reich wird der spanische König Karl I. als Karl V. zum römisch-deutschen König (bis 1556; Kaiser seit 1520/1530) gewählt.

1519–21 Der spanische *Conquistadór* Hernán Cortes erobert das Aztekenreich in Mexiko.

1519–22 Fernão de Magalhães befährt erstmals die Südwestpassage zwischen dem südamerikanischen Festland und Feuerland. Nach seinem gewaltsamen Tod auf den Philippinen (1521) vollendet Juan Sebastián Elcano die erste vollständige Umsegelung der Erde.

Martin Luther; Ölgemälde von L. Cranach d. Ä., 1528.

1520 Martin Luther verfasst seine drei bald weit verbreiteten reformatorischen Hauptschriften.

1521 Der Papst exkommuniziert Luther und seine Anhänger. Luther selbst verweigert auf dem *Reichstag zu Worms* den Widerruf seiner Schriften, worauf die Reichsacht über ihn verhängt wird. Gleichwohl setzt sich die Reformation anschließend in vielen Territorien des Reiches durch.

1522 Die Osmanen erobern Rhodos. Der *Johanniterorden* findet 1530 eine neue Heimstatt auf der Insel Malta.

1523 Mit Gustav I. († 1560) gelangt das Haus *Wasa* auf den schwedischen Thron.

1524 In Spanien wird für die Verwaltung der Kolonien eine eigene Zentralbehörde eingerichtet. Es ist der in vorindustrieller Zeit einzigartige Versuch, riesige Flächenkolonien von Europa aus nach einheitlichen Prinzipien bürokratisch zu verwalten.

1524–25 In einigen Regionen des Reiches (u. a. Schwaben, Franken, Thüringen) erheben sich – inspiriert von Luthers und Zwinglis Reformation – die Bauern gegen Leibeigenschaft und wachsende Abgabenlast. Der Aufstand wird von Herren und Fürsten jedoch blutig unterdrückt.

1525 Der Hochmeister des *Deutschen Ordens*, ein *Hohenzoller*, wandelt den Ordensstaat in das weltliche Herzogtum Preußen um und führt dort die Reformation durch.

Militärische Verfassung der oberschwäbischen Haufen; Titelblattholzschnitt der Ausgabe Augsburg 1525, neukoloriert.

1526 (27. April) Der turkstämmige Feldherr Babur aus Samarkand († 1530) wird nach seinem Sieg über den Sultan von Delhi bei Panipat *Schah* im nördlichen Indien und begründet damit die Herrschaft der *Großmoguln*, die unter seinem Enkel Akbar dem Großen (1556–1605) einen ersten Höhepunkt erreicht.

1526 (29. August) Die Osmanen schlagen den ungarischen Heerbann bei Mohács und annektieren bis 1541 den größeren Teil der *Länder der Stephanskrone*. Diese selbst gelangt (zusammen mit der böhmischen) nach dem Schlachtentod des jungen *Jagiellonen*königs dauerhaft an die *Habsburger*.

seit 1526 König Friedrich I. von Dänemark und Norwegen, Herzog von Schleswig und Holstein (1523–1533) und sein Nachfolger Christian III. (1534–1559) führen die Reformation in ihren Ländern durch. Mit der nachfolgenden Durchsetzung der neuen Lehre auch in Schweden-Finnland wird Nordeuropa geschlossen lutherisch.

1527 Landgraf Philipp der Großmütige von Hessen (1509–1567) gründet in Marburg die erste protestantische Universität.

1528 In Nürnberg stirbt der Maler und Graphiker Albrecht Dürer (*1471) – bedeutendster Vertreter der Renaissancekunst in Deutschland.

1529 Die Osmanen unter Padischah Süleyman II. *Kanuni* (1520–1566) belagern zum ersten Mal erfolglos Wien.

1531 Der spanische *Conquistadór* Francisco Pizarro landet in Peru. Unter Ausnutzung eines Thronstreits gelingt ihm bis 1533 die Eroberung des Inkareichs mit der Zentrale Cuzco. 1535 gründet er *Ciudad de los Reyes* (Lima).

1532 (1. Mai) Kaiser Karl V. (1519–1556) erhebt die *Medici*, die schon seit 1434 faktisch die Herrschaft in der Stadt ausüben, zu Herzögen von Florenz. 1569 werden sie Großherzöge der Toskana.

1532 (27. Juli) Auf dem Regensburger Reichstag wird die *Carolina* als Strafgesetzbuch für das Reich in Kraft gesetzt. Mit ihr wird u. a. die Folter als Mittel der Wahrheitsfindung institutionalisiert.

1532–36 In Genf führt Guillaume Farel die Reformation nach der Lehre von Jean Cauvin (Calvin; *1509, † 1564) durch. Die Stadt wird damit zum Ausgangspunkt einer weiteren Reformationsbewegung, die vor allem den Nordwesten Europas erfasst.

1534 König Heinrich VIII. von England (1509–1547) löst die Kirche seines Landes aus der jurisdiktionellen, dogmen- und liturgiebestimmenden Autorität des Papstes, ohne jedoch die Reformation durchzuführen.

1536 In Basel stirbt der Theologe und bedeutendste europäische Humanist Erasmus von Rotterdam (*1466 oder 1469).

1540 Der von Ignatius von Loyola gegründete *Jesuitenorden (SJ)* erhält die päpstliche Bestätigung und wird mit dem Auftrag betraut, den (katholischen) Glauben zu verbreiten.

1542 Bartolomé de Las Casas verfasst für Kaiser Karl V. (1519–1556) einen Bericht, in dem er die Verbrechen der Spanier in der Neuen

Welt anprangert. Damit regt sich erstmals in Europa das Gewissen bezüglich kolonialer Ausbeutung. Karl V. erlässt noch im selben Jahr die (freilich weitgehend wirkungslosen) *Neuen Gesetze* zum Schutz der Indios.

1543 In seinem Todesjahr erscheint das Hauptwerk des Astronomen Nikolaus Kopernikus (*1473), in dem unter Rückgriff auf Lehren schon der Antike das geozentrische zugunsten des heliozentrischen Systems aufgegeben wird.

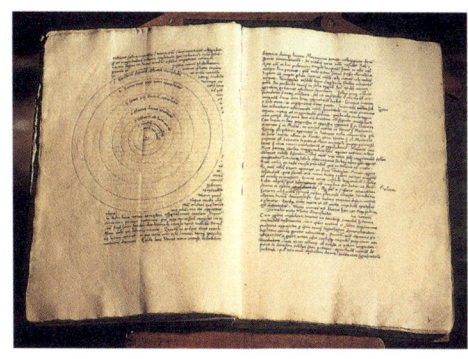

Doppelseite mit Sonnensystem aus einer Handschrift (1543) des Astronomen Nikolaus Kopernikus.

1543 Portugiesische Seefahrer erreichen erstmals Japan, wo sie seit 1545 auch Handel treiben.

1543 Der flämische Arzt Andreas Vesalius (*1514, † 1564) begründet mit seinem in diesem Jahr erschienenen Lehrbuch die moderne Anatomie.

1545 In Potosí (im heutigen Bolivien) werden reiche Silbervorkommen entdeckt, im Jahr darauf auch in Mexiko. Das in Zwangsarbeit durch Indianer abgebaute Silber gelangt in der Folge größtenteils nach Europa, wo es eine langanhaltende Inflation, die *Preisrevolution des 16. Jahrhunderts*, bewirkt.

1545 (13. Dezember) In Trient wird das XIX. allgemeine Konzil – nach dem Tagungsort *Tridentinum* genannt – eröffnet. Auf seinen bis 1563 abgehaltenen Sitzungen wird die Reform der katholischen Kirche in Reaktion auf die Reformation vorangetrieben.

1546 An seinem Wirkungsort Salamanca stirbt Francisco de Vitoria, der Begründer des modernen Völkerrechts. Im Unterschied zu späteren nordwesteuropäischen Theoretikern hinterlässt er ein Werk, in dem die Herrschaft der Europäer in Übersee, Kolonialismus und Ausbeutung kritisch gesehen werden.

1547 Großfürst Iwan IV. von Moskau (1533–1584), in Deutschland «der Schreckliche» genannt, nimmt den Titel eines *Zaren von ganz Russland* an.

1547–52 In England wird die Reformation durchgeführt. Die neue *Anglikanische Hochkirche,* die allein der Autorität des Königs untersteht, bleibt in der Liturgie jedoch der Tradition verpflichtet.

1552 Die Einnahme von Kazan an der Wolga bildet den Auftakt zur Eroberung Sibiriens durch Russland.

1555 Im Reich wird mit dem *Augsburger Religionsfrieden* der lutherische Glaube anerkannt und damit die Bikonfessionalität in Deutschland (als einzigem Land Europas, mit Ausnahme der damals noch zum Reich gehörenden Niederlande und der Schweiz) festgeschrieben.

1556 Kaiser Karl V. († 1558) dankt ab. In Spanien (einschließlich der italienischen und niederländischen Territorien des Hauses *Habsburg*) folgt ihm sein Sohn Philipp II. († 1598), im Reich sein Bruder Ferdinand I. († 1564). Die *Habsburger* zerfallen fortan in einen spanischen und einen österreichischen Zweig, die jedoch eng zusammenwirken.

1557 Die Portugiesen übernehmen mit Billigung lokaler Gewalten Macao als ersten dauerhaften europäischen Stützpunkt in China.

1559 Im *Frieden von Cateau-Cambrésis* verzichtet der französische König definitiv auf alle Ansprüche in Italien, das nunmehr ganz spanischer Hegemonie untersteht.

um 1560 In Europa beginnt die theoretisch schon länger vorbereitete («*Hexenhammer*» von 1487) systematische Hexenverfolgung, die ihren Höhepunkt in den ersten Jahrzehnten des 17. Jahrhunderts erreicht und erst danach langsam verschwindet. Ihr fallen nicht nur Frauen, sondern auch (meist junge) Männer und sogar Kinder zum Opfer.

1565 Die *Johanniter* wehren den Angriff einer gewaltigen osmanischen Streitmacht auf Malta erfolgreich ab. Die kleine Insel, für deren Verteidigung enorme Mittel aus ganz Europa aufgebracht werden, bleibt in der Folge stets christlich.

1565–70 Die Spanier erobern die Philippinen und gründen als deren Hauptstadt 1571 Manila. Bis zum Ende des 18. Jahrhunderts bleiben die Inseln hauptsächlich mit dem spanischen Mexiko (Acapulco) im Handelsaustausch verbunden.

1566 In den Niederlanden, wo schon zahlreiche einflussreiche Persönlichkeiten dem Calvinismus anhängen, beginnt der Aufstand gegen die spanische Herrschaft.

1568 Oda Nobunaga (ermordet 1582), japanischer Kriegsherr (*Daimyo*), zieht in Kyoto ein und übernimmt die Macht im Lande. 1573 setzt er den letzten *Ashikaga*-Shogun ab. Die nachfolgende Zeit der fortgesetzten Kriege unter den drei großen Reichseinigern bis 1600 wird *Azuchi-Momoyama-* oder *Sengoku*-Periode genannt.

1569 Polen und Litauen verbinden sich in der *Lubliner Union* unauflöslich. Aber nur Außenpolitik und Währung sind gemeinschaftlich.

1570/71 Osmanische Verbände erobern Zypern und unterwerfen die Insel vollständig der Herrschaft des Padischah.

1571 Eine spanisch-venezianische Flotte erringt einen großen Seesieg über die Türken bei Lepanto im Golf von Korinth.

1572 (7. Juli) In Polen erlischt das *Jagiellonenhaus*. In der Folge werden Könige aus verschiedenen europäischen Dynastien gewählt.

1572 (24. August) In der *Bartholomäusnacht* werden in Paris und anderen französischen Städten nördlich der Loire Tausende von *Hugenotten* (= französische Protestanten) umgebracht.

1576 Jean Bodin († 1596) veröffentlicht sein Hauptwerk *Six Livres de la République* – ein Plädoyer für eine starke monarchische Zentralgewalt. Er definiert darin erstmals den Begriff der Souveränität und begründet theoretisch den Absolutismus.

1578 Portugals jugendlicher König (seit 1557) Sebastian verliert bei dem abenteuerlichen Versuch, die Muslime in Marokko entscheidend zu treffen, bei Al-Qsar al-Kabir Schlacht und Leben. Nach dem Tod von Sebastians Großonkel wird Portugal 1580 unter Philipp II. († 1598) mit Spanien in Personalunion vereinigt.

1581 Die in der *Utrechter Union* von 1579 zusammengeschlossenen sieben nördlichen niederländischen Provinzen sagen sich von ihrem Landesherrn, dem spanischen König, los. Sie bilden fortan eine unabhängige Republik – die *Generalstaaten.*

1582 Papst Gregor XIII. (1572–1585) verkündet eine Kalenderreform, mit der das Kalenderjahr dem Sonnenjahr angepasst wird. Sie findet in katholischen Staaten sofort Eingang, in protestantischen jedoch erst im 18., in der orthodoxen Welt gar erst im 20. Jahrhundert.

1583 England nimmt das durch seine reichen Fischgründe ökonomisch wichtige Neufundland als erste Kolonie in Nordamerika in Besitz.

1584 Der *Daimyo* Toyotomi Hideyoshi († 1598) übernimmt die Macht in Japan und eint das Land erneut.

1588 Die nach der Hinrichtung Maria *Stewarts* (1587) zur Invasion Englands ausgelaufene spanische *Armada* wird im Ärmelkanal von den Engländern besiegt und fast vernichtet.

1589 In Frankreich wird König (seit 1574) Heinrich III. ermordet. Mit ihm endet das Haus *Valois.* Nachfolger wird der erste *Bourbone* auf dem Thron, Heinrich IV. († 1610), König von Navarra. Dieser schwört 1593, um seinen Anspruch im katholischen Frankreich durchzusetzen, seinem calvinistischen Glauben ab und wird 1594 in Reims gekrönt.

1591 Der marokkanische Sultan vernichtet mit Songhai (Hauptstadt Gao) das letzte der westafrikanischen Großreiche.

1598 In Russland erlischt das seit dem 9. Jahrhundert regierende Herrschergeschlecht der *Rjurikiden.* Es folgt die Zeit der Wirren (*smuta*), in der sich verschiedene Prätendenten auf dem Thron ablösen.

vor 1600 Aus Amerika werden zahlreiche Nutzpflanzen nach Europa eingeführt, u. a. Mais, Tabak, Tomate und Kartoffel, die zunächst freilich meist nur als Zierpflanzen gezogen werden und erst im 18. oder 19. Jahrhundert auch wirtschaftliche Bedeutung gewinnen. Umgekehrt gelangen aus Europa Nutzpflanzen (Zuckerrohr, Weizen,

Hafer) und -tiere (Pferde, Rinder, Schweine, Geflügel) in die Neue Welt.

1600 Iacopo Peri (*1561, † 1633) komponiert die erste erhaltene Oper *Euridice*. Eine bedeutende Nachwirkung erzielt jedoch erst Claudio Monteverdi (*1567, † 1643) mit seiner Oper *L'Orfeo* von 1607.

1602 In den Niederlanden wird die *Vereenigde Oostindische Compagnie (VOC)* in der neuen Form einer Aktiengesellschaft gegründet. Sie ist für lange Zeit die kapitalkräftigste, mächtigste und erfolgreichste der europäischen Handelskompanien in Übersee.

1603 (12. Februar) Tokugawa Ieyasu († 1616), dritter der großen Reichseiniger Japans und bereits seit 1600 dessen faktischer Machthaber, wird Shogun (bis 1605). Es beginnt die *Tokugawa-Periode* (oder nach der Residenz der Shogune auch *Edo-(= Tokyo)-Periode*; bis 1867/1868).

1603 (24. März) Königin (seit 1558) Elisabeth I. von England stirbt; ihr folgt Jakob I. († 1625), der Sohn Maria *Stewarts*, als Jakob VI. seit 1567 bereits König von Schottland. England und Schottland sind seither in Personalunion vereint.

1605 Der spanische Dichter Miguel de Cervantes Saavedra (*1547, † 1616) veröffentlicht den ersten Band seines *Don Quixote*. Der zweite folgt 1615.

1606 Im *Frieden von Zsitvatorok* erkennt der osmanische Padischah den Kaiser erstmals als gleichberechtigten Herrscher an. Der auf der Basis des territorialen Status quo geschlossene Friede hält bis 1663 und ermöglicht es den *Habsburgern* erst, ihre Macht im *Dreißigjährigen Krieg* zur Geltung zu bringen.

1607 Englische Siedler gründen Jamestown als erste dauerhafte Siedlung in der neuen Kolonie *Virginia* in Nordamerika.

seit 1607 In der irischen Provinz Ulster werden planmäßig Protestanten aus England und Schottland angesiedelt. Damit entsteht der Keim für den späteren Nordirland-Konflikt.

1608 Der französische Kolonialpionier Samuel de Champlain gründet die Stadt Quebec als Keimzelle der *Nouvelle France*.

1609 Der Holländer Hugo Grotius (*1583, † 1645) liefert mit der Veröffentlichung seines *Mare liberum* (= Über die Freiheit der Meere) die juristische und theoretische Begründung für den Einbruch der nordwesteuropäischen Mächte in die kolonialen Interessensphären der iberischen Länder.

1612 Das Christentum wird in Japan verboten. Die Missionare werden 1614 ausgewiesen. 1622 beginnt eine systematische Verfolgung, die bis um 1640 faktisch zur Auslöschung des Christentums in Japan führt.

1613 In Moskau wird der junge Michail *Romanow* († 1645) zum Zaren gewählt. Mit seiner Thronbesteigung endet in Russland die Zeit der Wirren (*smuta*).

1614 (6./7. April) In Toledo stirbt El Greco, stilbildender Maler des *Manierismus*.

1614 (12. November) Im *Vertrag von Xanten* erwirbt der Kurfürst von Brandenburg Kleve, Mark und Ravensberg und fasst damit erstmals im Westen des Reiches Fuß.

1616 Im englischen Stratford-upon-Avon stirbt William Shakespeare, der bedeutendste Dramatiker der europäischen Literatur (*1564).

1618 (23. Mai) Protestantische Opponenten der habsburgischen Herrschaft in Böhmen werfen die beiden Statthalter nebst ihrem Sekretär aus dem Fenster des Prager *Hradschin* und lösen damit den *Dreißigjährigen Krieg* aus.

1618 (27. August) Im Erbgang gelangt das Herzogtum Preußen an Brandenburg. Die polnische Lehenshoheit bleibt davon unberührt. Nach dieser und der klevischen Erbschaft sind die Interessen des Hauses *Hohenzollern* in den nachfolgenden Jahrhunderten auf die Achse Niederrhein – Königsberg konzentriert.

1620 (18. November) Mit der verlorenen Schlacht am Weißen Berg vor Prag bricht die Herrschaft des fortan *Winterkönig* genannten Kurfürsten Friedrich V. von der Pfalz (1610–1632) in Böhmen (seit 1619) zusammen.

1620 (21. November) Die *Pilgerväter* (protestantische Dissidenten) landen mit der *Mayflower* in Massachusetts und gründen dort mit der *Plymouth Plantation* die Keimzelle Neuenglands.

1622 Der kaiserliche Feldherr Tilly schlägt die Protestanten mehrfach und erobert die Pfalz. Kaiser Ferdinand II. (1619–1637) überträgt 1623 die pfälzische Kurwürde auf den bayerischen Herzog Maximilian I. (1597–1651).

1624 In Frankreich übernimmt Kardinal Richelieu († 1642) faktisch die Leitung der (Außen-)Politik.

1624–1627 Nach St. Kitts (St. Christopher; 1623) erwirbt England die unbewohnte Insel Barbados als ersten wichtigen Stützpunkt in der Karibik – durch seinen Reichtum (Tabak, Zuckerrohr) bald Vorbild und Anreiz für andere europäische Mächte, Besitz in der Karibik zu erwerben.

1625 König Christian IV. von Dänemark (1588–1648) greift zugunsten der Protestanten in den *Dreißigjährigen Krieg* ein. Der Kaiser beauftragt indessen den böhmischen Kriegsunternehmer Albrecht von Wallenstein mit dem Aufbau eines Söldnerheeres.

1626 Niederländer erwerben die Halbinsel Manhattan und gründen dort *Neu-Amsterdam*, das 1664 – nunmehr unter englischer Herrschaft – in New York umbenannt wird.

1627 Das Reich *Choson* der *Yi-Dynastie* in Korea wird Vasallenstaat der Mandschus und bleibt dies auch nach deren Machtübernahme in China als *Qing-Dynastie* (1644). Korea ist europäischen Einflüssen bis in das 19. Jahrhundert völlig verschlossen.

1627 Wallenstein vertreibt den dänischen König aus dem Reich und stößt bis zur Ostsee vor.

1628 König (seit 1625) Karl I. von England und Schottland († 1649) stimmt der *Petition of Rights* des englischen Parlaments zu. Damit verzichtet er auf jedes besondere Kriegs- und Notrecht im Lande.

1629 (19. Januar) Schah (seit 1587) Abbas der Große, der bedeutendste Herrscher der *Safawiden* im Iran, stirbt, nachdem er die neue Hauptstadt Isfahan prachtvoll hat ausbauen lassen.

1629 (6. März) Kaiser Ferdinand II. (1619–1637) erlässt das *Restitutionsedikt*. Es bestimmt, dass alle seit 1552 reformierten Bistümer und Klöster an die Katholiken zurückgegeben werden müssen.

1630 König (seit 1611) Gustav II. Adolf von Schweden greift zugunsten der Protestanten in den *Dreißigjährigen Krieg* ein. Er siegt 1631 über Tilly bei Breitenfeld. Die Stellung der Kaiserlichen in Norddeutschland bricht daraufhin zusammen.

1632 Gustav II. Adolf (König seit 1611) siegt zwar bei Lützen über Wallenstein, fällt aber in der Schlacht. Auf dem schwedischen Thron folgt ihm seine noch unmündige Tochter Christina (abgedankt 1654; † 1689).

1633 Der Astronom und Physiker Galileo Galilei (*1564, † 1642) muss bei einem Prozess der Inquisition dem «Irrtum» des heliozentrischen Systems abschwören und wird unter Hausarrest gestellt.

1634 (26. Februar) Wallenstein wird wegen angeblichen Verrats von kaiserlichen Offizieren ermordet.

1634 (6. September) Die Schweden werden bei Nördlingen von den Kaiserlichen vernichtend geschlagen, worauf ihre bis dahin starke Stellung in Süddeutschland zusammenbricht.

1635 Mit dem Verbot für Japaner, ins Ausland zu reisen, beginnt die Politik systematischer Abschließung des Landes nach außen (*sakoku*).

1635 Frankreich tritt offen gegen den Kaiser in den *Dreißigjährigen Krieg* ein und macht sich zum Protektor kleinerer Reichsstände, vor allem im Elsass.

1637 Der französische Philosoph und Mathematiker René Descartes (*1596, † 1650) veröffentlicht seine berühmte Abhandlung über rationale Methoden in der Wissenschaft.

1639 Die Portugiesen werden aus Japan ausgewiesen; ihre Stelle nehmen seit 1641 die Niederländer ein. Deren Handelsplatz im Hafen von Nagasaki bleibt bis 1853 der einzige Ort für den Handelsaustausch der Europäer mit Japan.

1640 Unter der neuen Dynastie *Bragança* kann sich Portugal mit englischer Unterstützung wieder aus der Personalunion mit Spanien lösen.

1641 Die Niederländer erobern die wichtige portugiesische Festung und Handelsniederlassung Malakka im heutigen Malaysia.

1642 Der Holländer Rembrandt Harmensz van Rijn (*1606, † 1669) malt sein berühmtes (von den Auftraggebern freilich abgelehntes) Gemälde *Die Nachtwache*.

1642 (22. August) Mit einem vom König befohlenen Angriff auf London, der von den *Puritanern* zurückgewiesen wird, beginnt der englische Bürgerkrieg.

1643 Auf Ludwig XIII. (seit 1610) folgt in Frankreich – noch unmündig – Ludwig XIV. († 1715). Eigentlicher Leiter der Politik ist zunächst jedoch Kardinal Mazarin.

1644 In China wird die *Ming-Dynastie* gestürzt. Chongzhen (= Sizong), seit 1628 letzter Kaiser chinesischer Herkunft überhaupt, begeht Selbstmord. In der Herrschaft folgen ihm die *Mandschu* unter dem Dynastienamen *Qing*. Hauptstadt bleibt Beijing.

1645 (14. Juni) In England schlägt die Parlamentsarmee das königliche Aufgebot bei Naseby entscheidend. König Karl I. (1625–1649) flieht 1646 nach Schottland.

1645 (13. August) Im *Frieden von Brömsebro* muss Dänemark-Norwegen den siegreichen Schweden Jämtland und Halland sowie die Inseln Gotland und Ösel abtreten.

1648 (30. Januar) Im *Frieden von Münster* erkennt Spanien die Unabhängigkeit der (nördlichen) Niederlande an.

1648 (24. Oktober) In Münster und Osnabrück werden die Verträge des *Westfälischen Friedens* unterschrieben: Die meisten der protes-

*Ratifizierungsurkunden (1648)
der kriegsführenden Mächte zum
Westfälischen Frieden.*

tantischen Reichsstände werden restituiert. Die Pfalz erhält eine neue, die achte Kurstimme. Bayern behält die Oberpfalz und die ihm 1623 übertragene Kurstimme. Brandenburg erhält einen beachtlichen Gebietszuwachs. Neben dem katholischen und dem lutherischen Bekenntnis wird auch das calvinistische im Reich zugelassen. Mit dem Erwerb größerer Territorien (u. a. Pommern) wird Schweden wichtiger Reichsstand und Garantiemacht des Friedens. Gemäß dem Willen des Kaisers bleibt Frankreich – obschon ebenfalls Garantiemacht – demgegenüber die Reichsstandschaft verwehrt; es erhält jedoch Territorien und Rechte im Elsass. Mit dem *Westfälischen Frieden* scheiden die (nördlichen) Niederlande und die Schweiz endgültig aus dem Reichsverband aus. Die Folgen des damit beendeten *Dreißigjährigen Krieges* für Deutschland sind katastrophal.

1649 Nach dem Bürgerkrieg wird König (seit 1625) Karl I. von England hingerichtet. England wird unter der Bezeichnung *Commonwealth* unter der Leitung von Oliver Cromwell (1653 *Lord Protector*, † 1658) de facto Republik.

1651 (9. Oktober) In England wird die *Navigationsakte* erlassen, um den niederländischen Zwischenhandel auszuschalten.

1651 Der englische Philosoph Thomas Hobbes (*1588, † 1679) veröffentlicht sein kirchenkritisches Hauptwerk *Leviathan*, in dem er seine Lehre vom Herrschaftsvertrag zur Vermeidung des Krieges aller gegen alle fortentwickelt.

1652 Niederländer gründen als Stützpunkt für den Asienhandel und Keimzelle einer weißen Siedlungskolonie an der Südspitze Afrikas Kapstadt.

1654 Königin (seit 1632) Christina von Schweden († 1689) dankt ab und konvertiert im folgenden Jahr zum katholischen Glauben. In Schweden folgt das *Haus Wittelsbach* mit dem Zweig der Pfalzgrafen von Zweibrücken (bis 1720).

1658 (26. Februar) Im *Frieden von Roskilde* muss Dänemark seinen alten Festlandbesitz Schonen, Bohuslän und Blekinge an Schweden abtreten.

1658 (26. Juni) Schah (seit 1628) Jahan, Erbauer des *Taj Mahal* (erbaut 1631–1648) in Agra, wird abgesetzt. Sein Sohn und Nachfolger Aurangzeb († 1707) vereinigt fast ganz Indien unter seiner Herrschaft und führt das Reich der Großmoguln auf den Gipfel der Macht.

1659 Im *Pyrenäenfrieden* muss Spanien nach neuen militärischen Niederlagen das Roussillon und das Artois an Frankreich abtreten.

1660 (3. Mai) Der *Friede von Oliva* beendet den seit 1655 geführten 1. Nordischen Krieg zwischen Schweden (mit Brandenburg) und Polen (mit Dänemark). Polen muss Livland nördlich der Düna an Schweden abtreten und auf die Lehenshoheit über Preußen verzichten.

1660 (5. Mai) Das neugewählte Parlament beschließt in England die Restauration der Monarchie. Karl II. († 1685) kehrt daraufhin aus dem Exil nach London zurück.

1661 (10. März) Nach dem Tod von Kardinal Mazarin übernimmt König Ludwig XIV. († 1715) in Frankreich die Regierungsgeschäfte selbst. Damit beginnt eine stilbildende absolutistische Herrschaft, die ihren architektonischen Ausdruck im Bau des Schlosses von Versailles (begonnen 1661, vollendet 1689) findet.

1661 England erwirbt Bombay in Indien als Morgengabe einer portugiesischen Prinzessin.

1663 Der in Regensburg wegen der wieder auflebenden Türkengefahr zusammengetretene Reichstag wird nicht mehr aufgelöst; bis zum Ende des Alten Reiches tagt er von nun an als *Immerwährender Reichstag*.

1665 In Dänemark wird die *Lex Regia*, das Königsgesetz, als einzige geschriebene Verfassungsurkunde des europäischen Absolutismus verkündet.

1666 In Marokko gelangt die bis heute regierende Dynastie der *Alawiten* zur Macht, die ihren ersten Höhepunkt unter Moulay Ismail (1672–1727) erlebt.

1667 Mit dem *Kompromissfrieden von Breda* endet der seit 1664 andauernde *2. Niederländisch-Englische Seekrieg*: Die Engländer verzichten auf ihren letzten Stützpunkt im Malaiischen Archipel, die *Generalstaaten* auf ihren gesamten nordamerikanischen Besitz, dafür erhalten sie jedoch endgültig Suriname.

Ludwig XIV.; Ölgemälde von Ch. Le Brun (1619–1690).

1668 Mit dem *Frieden von Aachen* wird der von Ludwig XIV. (1643–1715) im Jahr zuvor angezettelte *Devolutionskrieg* beendet. Frankreich erwirbt darin Städte und Festungen in den südlichen (spanischen) Niederlanden, u. a. Lille und Valenciennes.

1670 Für den Pelzhandel nördlich der Großen Seen in Nordamerika wird in England die *Hudson's Bay Company* gegründet.

1673 Der niederländische Forscher Antonie van Leeuwenhoek (*1632, † 1723) entdeckt mit Hilfe selbst konstruierter Mikroskope die roten Blutkörperchen, später auch Bakterien (1676) und Spermien (1677).

1678/79 Mit den *Friedensschlüssen von Nimwegen (Nijmegen)* endet der seit 1672 andauernde *Holländische Krieg*. Die Niederlande behaupten sich gegenüber Frankreich. Spanien muss jedoch die Franche Comté, der Kaiser Freiburg im Breisgau an Ludwig XIV. (1643–1715) abtreten.

1679 Das englische Parlament verabschiedet die *Habeas-Corpus-Akte*, der zufolge ein Beschuldigter ohne richterlichen Entscheid nur begrenzt in Haft gehalten werden darf – ein wichtiger Markstein in der Entwicklung zum Rechtsstaat.

1681 Karl II. von England (1660–1685) gibt Pennsylvania als Eigentümerkolonie dem Quäker William Penn, der dort 1683 Philadelphia gründet.

1683 Nach ihrer Niederlage am Kahlenberg müssen die Türken die zweite Belagerung Wiens abbrechen und sich zurückziehen. Das Osmanische Reich gerät seither in eine strukturelle Defensive.

1685 Ludwig XIV. (1643–1715) widerruft mit dem *Edikt von Fontainebleau* das *Edikt von Nantes* und treibt damit viele Hugenotten in die Emigration – für Frankreich vor allem ökonomisch ein schwerer Aderlass.

1687 Der englische Physiker Isaac Newton (*1643, † 1727) veröffentlicht sein Hauptwerk, in dem er u. a. das bereits 1666 von ihm entdeckte Gravitationsgesetz und die drei nach ihm benannten Axiome der Mechanik formuliert.

1688 (12. November) In der *Glorious Revolution* wird der katholische König (seit 1685) Jakob II. von England und Schottland gestürzt. An seiner Stelle besteigt 1689 sein protestantischer Schwiegersohn, der holländische Statthalter Wilhelm III. († 1702), den Thron.

1688 (Ende) Mit dem Vordringen französischer Truppen über den Rhein zur Wahrung vorgeblicher Erbansprüche in der Pfalz beginnt der *Pfälzische Erbfolgekrieg*, in dem u. a. Heidelberg 1689 und 1693 zerstört wird.

1689 (12. Mai) Kaiser Leopold I. (1658–1705), England, die Niederlande und Spanien verbinden sich zur *Großen Allianz* gegen Ludwig XIV. von Frankreich, um das Gleichgewicht der Kräfte (*balance of power*) auf dem Kontinent wiederherzustellen.

1689 (27. August) Kaiser Kangxi (= Shengzu) von China (1661–1722) schließt zu Nercinsk in Sibirien den ersten Vertrag mit einer europäischen Macht: Russland erkennt darin die Zugehörigkeit des gesamten Amurgebiets zu China an.

1689 (12. September) Zar (seit 1682) Peter I. der Große († 1725) stürzt die Regentin und übernimmt die Macht in Russland selbst.

1691 Markgraf Ludwig Wilhelm von Baden-Baden (1677–1707; *Türkenlouis*) siegt als kaiserlicher Feldherr über die Türken bei Slankamen. Siebenbürgen wird danach wieder mit dem habsburgischen Ungarn vereinigt.

1695 In England wird die Vorzensur für Druckschriften abgeschafft und damit eine wichtige Voraussetzung für die Entwicklung und Entfaltung einer freien Presse geschaffen.

1697 (27. Juni) Der zuvor heimlich zum Katholizismus konvertierte sächsische Kurfürst (seit 1694) (Friedrich) August der Starke († 1733) wird als Nachfolger des Türkenbezwingers Johann Sobieski (1674–1696) zum König von Polen gewählt.

1697 (29. September) Im *Frieden von Rijswijk* muss Frankreich Wilhelm III. als König von England anerkennen und auf fast alle Eroberungen verzichten. Ludwig XIV. (1643–1715) tritt Freiburg an den Kaiser ab, behält aber das 1681 annektierte Straßburg auf Dauer. Außerdem erwirbt er endgültig den von ihm schon seit 1665 beanspruchten westlichen Teil der Insel Hispaniola (Haiti).

1699 Im *Frieden von Karlowitz* tritt das Osmanische Reich endgültig ganz Ungarn (ohne das Gebiet von Temesvár) an den Kaiser ab.

1700 (Februar) Mit einem Überfall sächsischer Truppen auf Riga beginnt der 2. (Große) *Nordische Krieg*, der bis 1721 andauert und den Zusammenbruch Schwedens als Großmacht herbeiführt. Russland und Polen-Sachsen stehen darin als Verbündete gegen Schweden.

1700 (1. Dezember) Beim Tod des letzten spanischen *Habsburgers* ist die Nachfolge ungeklärt. Während die Königin die Kandidatur des zweiten Kaisersohnes Karl (III.) – also eines *Habsburgers* – propagiert, ist im Testament des Königs der *Bourbone* Philipp (V.), ein Enkel Ludwigs XIV., zum Universalerben eingesetzt worden.

1701 (18. Januar) Kurfürst (seit 1688) Friedrich III. von Brandenburg krönt sich – außerhalb des Reiches – in Königsberg zum König Friedrich I. in Preußen († 1713).

1701 (7. September) Der Kaiser, England und die Niederlande verbünden sich gegen Ludwig XIV. von Frankreich (1643–1715) und seinen Prätendenten auf den spanischen Thron. Damit beginnt der *Spanische Erbfolgekrieg*, der auch in Übersee ausgefochten wird.

1703 Zar Peter der Große (1682–1725) gründet Sankt Peter(s)burg, das anstelle Moskaus 1712 zur Hauptstadt Russlands erhoben wird.

1704 Der österreichische Feldherr Prinz Eugen von Savoyen und sein englischer Partner, der Herzog von Marlborough, siegen bei Höchstädt an der Donau (englisch: Blenheim) über die verbündeten Franzosen und Bayern.

1706 Der Herzog von Marlborough siegt über die Franzosen bei Ramillies in den südlichen Niederlanden, Prinz Eugen bei Turin in Oberitalien.

1707 England und Schottland werden in einer Realunion zum *Vereinigten Königreich von Großbritannien* zusammengeschlossen.

1708 Johann Friedrich Böttger erfindet in Sachsen erstmals in Europa ein Verfahren zur Herstellung von weißem Porzellan.

1709 (27. Juni) In der Schlacht bei Poltawa wird der schwedische König Karl XII. (1697–1718) von den Truppen des Zaren vernichtend geschlagen.

1709 (11. September) Nach einem neuen Sieg der verbündeten Österreicher und Briten bei Malplaquet in den südlichen Niederlanden steht Frankreich am Rande des Zusammenbruchs.

1711 Kaiser (seit 1705) Joseph I. stirbt überraschend; Erbe ist als Karl VI. der habsburgische Prätendent auf den spanischen Thron Karl (III.; † 1740). Da unter ihm die Vereinigung der österreichischen Erblande mit dem spanischen Imperium droht, stellt Großbritannien den Kampf gegen Frankreich ein.

1712 Der bedeutende deutsche Komponist Georg Friedrich Händel (*1685, † 1759) lässt sich endgültig in London nieder.

1713 (11. April) Im *Frieden von Utrecht* wird der Bourbone Philipp V. († 1746) als König von Spanien anerkannt; die Briten behalten aber

Gibraltar und Menorca und erwerben zudem das Monopol für den Sklavenhandel mit den spanischen Kolonien.

1713 (19. April) Kaiser Karl VI. (1711–1740) erlässt die *Pragmatische Sanktion*. Darin wird die Unteilbarkeit der habsburgischen Erblande und das alleinige Erbrecht der Kinder des Kaisers – auch in weiblicher Linie – fixiert.

1714 (6. März) Im *Frieden von Rastatt* zwischen Frankreich und dem Kaiser gewinnt letzterer den italienischen und niederländischen Besitz aus dem spanischen Erbe.

1714 (1. August) Königin (seit 1702) Anna, die letzte *Stewart* auf dem englischen Thron, stirbt; ihr folgt gemäß dem *Act of Settlement* von 1701 mit Georg I. Ludwig († 1727) das Haus *Hannover*.

1715 König (seit 1643 bzw. 1661) Ludwig XIV. von Frankreich stirbt; auf dem Thron folgt ihm sein Urenkel Ludwig XV. († 1774) – bis 1723 unter einer vormundschaftlichen Regentschaft durch den Herzog von Orléans.

1716 In Hannover stirbt der Philosoph und Universalgelehrte Gottfried Wilhelm Leibniz (* 1646), der vor allem als Mathematiker hervorgetreten war.

1718 (21. Juli) Im *Frieden von Passarowitz* tritt das Osmanische Reich Teile Serbiens, Bosniens und der Walachei sowie das später *Banat* genannte Gebiet von Temesvár an das Haus Österreich ab.

1718 (11. Dezember) König (seit 1697) Karl XII. von Schweden wird bei der Belagerung einer norwegischen Festung getötet. Danach geht die Macht auf die Stände über; es beginnt Schwedens *Freiheitszeit*.

1718 Der deutsche Physiker Daniel Gabriel Fahrenheit erfindet in den Niederlanden das Quecksilberthermometer. Schon 1714 hatte er die nach ihm benannte Skala zur Temperaturmessung eingeführt.

1720 Der Kaiser verzichtet auf Sardinien zugunsten des Hauses Savoyen und erhält dafür Sizilien.

1721 (10. September) Im *Frieden zu Nystad* endet der Große *Nordische Krieg*. Schweden muss Livland, Estland, Ingermanland und einen Teil Kareliens an Russland abtreten, behält aber Finnland.

1721 (22. Oktober) Zar Peter der Große (1682–1725) nimmt den Titel eines *Allrussischen Kaisers* an.

1723 Johann Sebastian Bach (*1685, † 1750) wird Thomaskantor in Leipzig. Sein umfangreiches kompositorisches Werk zeitigt eine dauerhafte Nachwirkung in ganz Europa.

1731 In London stirbt der Dichter Daniel Defoe, Verfasser des Romans *Robinson Crusoe* (1719/1720).

1733 Nach dem Tod Augusts des Starken kommt es in Polen zum Thronstreit zwischen dem Kandidaten Frankreichs Stanislaus Leszczynski und dem von Österreich und Russland unterstützten Sohn Augusts, der in den *Polnischen Thronfolgekrieg* mündet.

Johann Sebastian Bach; Portrait um 1715, vermutlich von J. E. Rensch d. Ä.

1735 Der schwedische Naturforscher Carl Linnaeus (Linné; *1707, † 1778) legt seine Abhandlung *Systema naturae* vor, die Grundlage der Systematik in der modernen Biologie.

1735 (31. Oktober) Im *Präliminarfrieden von Wien* wird der sächsische *Wettiner* (Friedrich) August III. († 1763) als polnischer König anerkannt. Stanislaus Leszczynski († 1766) wird mit dem Herzogtum Lothringen abgefunden. Kaiser Karl VI. (1711–1740) verzichtet zugunsten der *Bourbonen* auf Neapel und Sizilien, erhält dafür aber Parma und Piacenza sowie für seinen künftigen Schwiegersohn Franz Stephan im Austausch mit Lothringen das Recht auf die Erbfolge in der Toskana, das 1737 beim Aussterben der *Medici* wirksam wird.

1736 Nadir Schah aus dem Geschlecht der *Afschariden*, lässt den letzten *Safawidenherrscher* entthronen und wird selbst Schah des Iran († 1747). 1739 erobert und plündert er auch Delhi und bringt das Reich der *Großmoguln* damit an den Rand der Auflösung.

1739 Im *Frieden von Belgrad* muss Österreich nach militärischen Misserfolgen den Westteil der Walachei und den nördlichen Teil Serbiens mit Belgrad wieder an das Osmanische Reich abtreten.

1740 In Brandenburg-Preußen folgt auf Friedrich Wilhelm I. (seit 1713) dessen Sohn Friedrich II. (der Große; † 1786). Dieser nutzt den noch im selben Jahr eingetretenen Erbfall in Österreich, wo Maria Theresia († 1780) ihrem Vater Karl VI. folgt, und rückt ohne gültigen Rechtsgrund in Schlesien ein.

1741 Der dänische Asienforscher Vitus Bering erreicht in russischem Auftrag die Küsten Alaskas.

1741 (25. November) Eine Palastrevolution bringt in St. Peter(s)burg Elisabeth († 1761), die Tochter Peters des Großen, auf den russischen Thron.

1742 (24. Januar) Der bayerische Kurfürst (seit 1726) Karl Albrecht, der Maria Theresias Erbanspruch auch in den Erblanden bestreitet, wird als Karl VII. († 1745) zum Kaiser gewählt.

1742 (28. Juli) Maria Theresia (1740–1780), Chefin des *Hauses Österreich*, tritt im *Frieden von Berlin* den größten Teil Schlesiens an Friedrich II. in Preußen (1740–1786) ab.

1745 Nach dem Tod des *wittelsbachischen* Kaisers wird mit Billigung des Preußenkönigs, der dafür im Besitz Schlesiens bestätigt wird, Franz Stephan, der Gemahl Maria Theresias, als Franz I. († 1765) zum Kaiser gewählt.

1747 Der Berliner Chemiker Andreas Marggraf gewinnt erstmals Zucker aus der Runkelrübe; doch entwickelt erst sein Mitarbeiter Franz Carl Achard sehr viel später ein industrielles Verfahren zur Produktion von Rübenzucker als Ersatz für den teuren Rohrzucker.

1748 Charles-Louis Baron de Montesquieu (*1689, † 1755) veröffentlicht sein Werk *Vom Geist der Gesetze*, in dem er in Anschluss an John Locke die Lehre von der Gewaltenteilung in Exekutive, Legislative und Judikative entwickelt.

1748 (18. Oktober) Im *Frieden von Aachen* wird der seit 1740 andauernde Österreichische Erbfolgekrieg mit der allgemeinen Anerkennung Maria Theresias († 1780) beendet. Das *Haus Habsburg* muss nur auf Parma und Piacenza verzichten.

1749 In Kopenhagen bringt E. H. Berling die älteste bis heute kontinuierlich erscheinende Zeitung (seit 1936 unter dem Namen *Berlingske Tidende*) heraus.

1751 Der erste Band der *Encyclopédie*, des maßgebenden Sammelwerks der europäischen Aufklärung, erscheint. Herausgeber sind Denis Diderot (*1713, † 1784) und Jean-Baptiste d'Alembert (*1717, † 1783).

1756 Großbritannien, das in scharfem kolonialen Wettbewerb mit Frankreich steht, und Preußen verbünden sich. Darauf wechselt auch Frankreich den Partner im Reich und geht mit seinem traditionellen Gegner, dem *Hause Österreich*, 1756 zunächst ein Defensiv-, 1757 ein Offensivbündnis ein. Die Umkehrung der Bündnisse in Europa gilt als *Diplomatische Revolution des 18. Jahrhunderts*. Mit einem Präventivschlag gegen Sachsen eröffnet Friedrich II. von Preußen (1740–1786) noch im selben Jahr den *Siebenjährigen Krieg*.

1757 Die Briten unter Robert Clive besiegen den Nawab von Bengalen bei Plassey und steigen damit zur unumstritten stärksten Macht in Indien auf.

*Friedrich II., der Große;
Ölgemälde von J. G. Ziesenis, 1749.*

1758 Der Schweizer Emer de Vattel führt das Nutzungs- und Kultivierungsargument endgültig in das Völkerrecht ein. Es dient den Europäern im 19. Jahrhundert als Rechtsgrund, mit Ausnahme größerer Teile Asiens die ganze Erde zu unterwerfen.

1759 Die Briten erobern Quebec; 1760 fällt auch Montreal. Frankreichs Position in Nordamerika ist vernichtet.

1761 Joseph Haydn (*1732, † 1809), Schöpfer von Streichquartetten und Symphonien neuen Stils, wird Kapellmeister des Fürsten Esterhazy in Eisenstadt.

1761/62 Nach dem Tod der russischen Kaiserin (seit 1741) Elisabeth besteigt deren Neffe Peter III. († 1762) aus dem Hause *Oldenburg (Holstein-Gottorp)*, ein Bewunderer Friedrichs des Großen, den Thron. Er ruft die russischen Truppen aus dem *Siebenjährigen Krieg* zurück und schließt mit Preußen einen Sonderfrieden, wird aber noch im selben Jahr von seiner Gemahlin Katharina II. (der Großen; Kaiserin von Russland bis 1796) gestürzt und beerbt.

1762 Jean-Jacques Rousseau (*1712, † 1778) attackiert in seinem *Gesellschaftsvertrag* die bestehende politische und soziale Ordnung radikal und erzielt damit große Wirkung.

1763 Der *Frieden von Paris* beendet den *Siebenjährigen Krieg* zwischen Großbritannien und Frankreich/Spanien. Frankreich verliert seinen gesamten Kolonialbesitz in Nordamerika. In Indien erhalten die Franzosen nur einige Plätze zurück. Preußen und Österreich schließen auf der Basis des territorialen Status quo gleichzeitig den *Frieden von Hubertusburg.* Schlesien bleibt endgültig bei Preußen, das damit definitiv zur europäischen Großmacht aufsteigt. Fortan beherrscht der Dualismus Preußen – Österreich die deutsche Politik.

Der Entdecker James Cook; Gemälde von Sir Nathaniel Dance Holland (1734–1811).

1764 Der Engländer James Hargreaves († 1778) erfindet eine 1770 patentierte Spinnmaschine. Zusammen mit der vom Schotten James Watt (*1736, † 1819) 1765 verbesserten Dampfmaschine markiert dies den Ausgangspunkt für die *industrielle Revolution* zunächst in Großbritannien, später in ganz Europa und Nordamerika. Sie verschafft der europäischen Zivilisation einen Vorsprung vor allen anderen der Welt.

1768 James Cook (*1728, † 1779) bricht in britischem Auftrag zu seiner ersten (bis 1771 andauernden) Reise in die Südsee auf. Er kartographiert erstmals Neuseeland und entdeckt 1770 die Südostküste Australiens.

1771 Der schwedische Apotheker deutscher Herkunft Carl Wilhelm Scheele entdeckt den Sauerstoff, der schottische Chemiker Daniel Rutherford im darauffolgenden Jahr den Stickstoff.

1772 Bei der *ersten Teilung Polens* eignen sich Russland, Österreich und Preußen große Teile des polnisch-litauischen Territoriums an.

1773 Nach der seit 1771 währenden letzten großen Subsistenzkrise des 18. Jahrhunderts setzt sich die Kartoffel als Anbauprodukt in Europa endgültig durch.

1774 (10. Mai) In Frankreich folgt auf Ludwig XV. (seit 1715) dessen Enkel Ludwig XVI. (bis 1792). Die Finanzkrise des Staates verschlimmert sich unter der Regierung des neuen Königs dramatisch.

1774 (21. Juli) Nach jahrelangen militärischen Misserfolgen muss die *Pforte* (Sitz des Großwesirs in Konstantinopel) im *Frieden von Kücük Kaynarca* mit Russland auf die Krim und das Gebiet zwischen Bug und Dnjepr verzichten. Die Inferiorität des Osmanischen Reiches gegenüber den europäischen Großmächten wird unübersehbar.

1776 (4. Juli) Nach jahrelangen Auseinandersetzungen um die Besteuerung der 13 britischen Kolonien in Nordamerika erklären diese in einer von Thomas Jefferson (*1743, † 1826; Präsident 1801–1809) verfassten Deklaration ihre Unabhängigkeit von Großbritannien. Im anschließenden Unabhängigkeitskrieg sind die Amerikaner unter ihrem Befehlshaber George Washington (*1732, † 1799) zunächst unterlegen, gewinnen aber mit französischer (seit 1778) und spanischer (seit 1779) Unterstützung bald die Oberhand.

1776 Der Schotte Adam Smith (*1723, † 1790) begründet mit seinem Hauptwerk die auf dem Wettbewerbsgedanken beruhende moderne liberale Wirtschaftstheorie.

1778 In Paris stirbt der in ganz Europa einflussreiche Aufklärungsphilosoph Voltaire (*1694).

1779 Im *Frieden von Teschen* wird der Bayerische Erbfolgekrieg (seit 1778) beendet. Österreich gewinnt das Innviertel. Neben Frankreich wird Russland neue Garantiemacht für die Ordnung im Alten Reich.

1780 Der italienische Physiker Alessandro Volta aus Como (*1745, † 1827) entwickelt die nach ihm benannte Säule als erste brauchbare Quelle für elektrischen Strom.

1780 (29. November) Erzherzogin und Königin (seit 1740/1741/ 1743) Maria Theresia stirbt; in den Erblanden folgt ihr Sohn, Kaiser (seit 1765) Joseph II. († 1790), der ein radikales Reformprogramm in Gang setzt.

1781 Der Königsberger Philosoph Immanuel Kant (*1724, † 1804) veröffentlicht seine *Critik der reinen Vernunft*.

1782 (13. Januar) Im Mannheimer Nationaltheater wird das sozialrevolutionäre Stück *Die Räuber* des schwäbischen Dichters Friedrich Schiller (*1759, † 1805) uraufgeführt.

1782 (6. April) Nach der Vertreibung der zuvor siegreichen Burmesen, die 1767 die Thai-Hauptstadt Ayutthaya erobert hatten, begründet General Phraya Chakri (als König: Rama I., † 1809) das dritte Thai-Reich mit der neuen Hauptstadt Bangkok.

1783 (3. September) *Friede von Paris*: Großbritannien erkennt die Unabhängigkeit der *Vereinigten Staaten* an, deren Westgrenze durch den Mississippi gebildet wird. Zum ersten Mal wird ein von Europäern besiedeltes überseeisches Gebiet selbständig. Für fast eineinhalb Jahrhunderte bildet es künftig das Ziel von Millionen europäischer Auswanderer auf der Suche nach Freiheit und Wohlstand.

1783 Der französische Chemiker Antoine Laurent de Lavoisier (*1743, hingerichtet 1794) entschlüsselt den Verbrennungsprozess.

1786 Johann Wolfgang von Goethe (*1749, † 1832), der einflussreichste Dichter der deutschen Klassik, bricht zu seiner legendären ersten Italienreise auf.

1787 Mit der Gründung einer *Gesellschaft zur Abschaffung des Sklavenhandels* in Großbritannien beginnt der Kampf gegen die Versklavung von Schwarzafrikanern.

1788 (26. Januar) Britische Schiffe landen mit 700 Strafgefangenen an der Südostküste Australiens, wo die neue Kolonie *New South Wales* entsteht. Ohne die Rechte der indigenen Bevölkerung (*Aborigines*) zu beachten, entsteht hier eine weitere europäische Siedlungskolonie.

1788 (21. Juni; bzw. 4. März 1789) In den USA tritt die Verfassung in Kraft, die 1792 um die *Bill of Rights*, in der die wesentlichen Menschen- und Bürgerrechte festgehalten sind, ergänzt wird. Sie macht aus dem zuvor nur lockeren Staatenbund einen Bundesstaat mit starker Zentralgewalt. 1789 wird George Washington erster Präsident der jungen Republik (bis 1797).

1789 *Französische Revolution*: In Versailles treten am 5. Mai die *Generalstände* erstmals seit 1614 zusammen, um Lösungen für die Krise der Staatsfinanzen zu finden. Der (bürgerliche) *Dritte Stand* ist dabei mit doppelter Kopfzahl vertreten. Ohne Aussicht auf eine Einigung über den Abstimmungsmodus erklärt sich dieser Stand am 17. Juni zur *Nationalversammlung*, am 9. Juli zur *Verfassunggebenden Versammlung*. Am 14. Juli stürmen die Pariser Volksmassen die *Bastille*, das alte Pariser Stadtgefängnis, was am Hof nachhaltig Eindruck macht. Der Tag ist später französischer Nationalfeiertag. Im August werden die Abschaffung des Feudalsystems und eine Erklärung über die Menschen- und Bürgerrechte verabschiedet. Die Französische Revolution markiert den Beginn der demokratischen Bewegung in Europa, aber auch den Ausgangspunkt des modernen Nationalismus.

1790 Die Verfassunggebende Versammlung verfügt in Frankreich die Zivilverfassung des Klerus, eine rationalistische Neugliederung in 83 *Départements* und die Ausgabe von Papiergeld.

1791 In Wien stirbt, wenige Wochen nach der Uraufführung seiner Oper *Die Zauberflöte*, der innovative Komponist Wolfgang Amadeus Mozart (*1756).

1792 (20. April) Das revolutionäre Frankreich erklärt Preußen und Österreich den Krieg (*1. Koalitionskrieg* bis 1797). Die nach Frankreich eingerückten Alliierten werden am 20. September durch die *Kanonade von Valmy* in der Champagne zum Rückzug gezwungen. Bei der französischen Gegenoffensive erobert General Custine Speyer und Mainz.

1792 (21. September) Der französische *Konvent* erklärt Frankreich zur Republik und eröffnet den Prozess gegen den König.

1793 (21. Januar) In Frankreich wird König (seit 1774) Ludwig XVI. hingerichtet; seine Gemahlin Marie Antoinette folgt ihm am 16. Oktober auf die *Guillotine*.

1793 (23. Januar) In einem Vertrag beschließen Russland und Preußen die *zweite Teilung Polens*: Russland gewinnt den Osten zwischen Düna und Dnjestr, Preußen den gesamten Südwesten sowie die Städte Danzig und Thorn.

1793 In Frankreich werden antirevolutionäre Aufstände (u. a. in der Vendée) niedergeschlagen, die gemäßigten Kräfte (*Girondisten*) ausgeschaltet, eine Massenaushebung verfügt und eine (nie in Kraft getretene) radikaldemokratische Verfassung beschlossen. Der Wohlfahrtsausschuss des Konvents übernimmt de facto die Aufgaben einer Regierung. Seine beherrschende Figur ist Maximilien de Robespierre (*1758, † 1794).

1794 In Paris wird die *École polytechnique* als älteste Technische Hochschule der Welt begründet – Vorbild für viele Einrichtungen solcher Art in Europa. Im selben Jahr wird zwischen Paris und Lille die erste (optische) Telegraphenlinie der Welt eingerichtet.

1794 Maximilien de Robespierre (*1758) errichtet in Frankreich ein Terrorregime. Er wird deshalb gestürzt und am 27. Juli mit seinen Anhängern selbst hingerichtet.

1795 (3. Januar) Nach einem nationalen Aufstand teilen Russland, Österreich und Preußen in der *dritten Teilung Polens* das Land vollständig unter sich auf. Es verschwindet damit bis 1918 ganz von der europäischen Landkarte.

1795 (26. Januar) Nach der Errichtung der *Batavischen Republik* als französischem Satellitenstaat übernimmt Großbritannien fast den gesamten niederländischen Kolonialbesitz – so Kapstadt, Ceylon und Malakka.

1795 (15. Oktober) Kaiser (seit 1736) Qianlong (= Gaozong; † 1799) kündigt seine Abdankung zum chinesischen Neujahr (9. Februar 1796) an. Unter ihm hatte China seine größte territoriale Ausdehnung erreicht und ein beispielloses Wachstum von Bevölkerung und Wirtschaft erlebt, so dass es noch im ausgehenden 18. Jahrhundert als stärkste Macht der Erde gelten darf.

1795 (31. Oktober) In Frankreich wird eine neue Verfassung verkündet und ein fünfköpfiges *Direktorium* gewählt; die radikale Phase der Revolution geht damit endgültig zu Ende.

1795 Der Schotte Mungo Park (*1771, † 1806) dringt bis 1797 entlang des Gambia als erster Europäer in das Innere Afrikas vor.

1795 In Frankreich wird als erstem Land der Welt das metrische System eingeführt.

1796 Der englische Arzt Edward Jenner (*1749, † 1823) führt die erste Pockenschutzimpfung durch. Die bis dahin wegen ihrer hohen Sterblichkeit gefürchtete Krankheit kann danach erstmals prophylaktisch bekämpft werden.

1797 (12. Mai) Auf Druck Frankreichs wird der letzte Doge von Venedig abgesetzt. Damit endet die älteste (Adels-)Republik Europas.

1797 (17. Oktober) Mit dem *Frieden von Campo Formio*, in dem Österreich auf das gesamte linke Rheinufer verzichtet und dafür mit dem Gebiet der Republik Venedig entschädigt wird, endet der *1. Koalitionskrieg*.

1798 Der französische General Napoléon Bonaparte (* 1769) erobert Malta und im Anschluss Ägypten. Er siegt am 21. Juli unter den Pyramiden über die *Mameluken*, seine Flotte wird indes am 1. August von den Briten unter Admiral Nelson bei Abukir vernichtet.

1799 Napoléon Bonaparte (*1769) stürzt in Frankreich das Direktorium, um selbst als *Erster Konsul* die Leitung des Staates an der Spitze eines dreiköpfigen Gremiums zu übernehmen.

1801 Im *Frieden von Lunéville* wird der Rhein auch vom Reich als Grenze zu Frankreich anerkannt.

1803 (25. Februar) Im *Reichsdeputationshauptschluss* werden zur Entschädigung der linksrheinisch depossedierten weltlichen Fürsten die geistlichen Territorien im Reich mit wenigen Ausnahmen säkularisiert und die meisten Reichsstädte mediatisiert. Der Reichsgedanke verliert damit seine wichtigsten Stützen.

1803 (30. April) Frankreich verkauft das erst kurz zuvor von Spanien zurückerworbene riesige *Louisiana-Gebiet* westlich des Mississippi für 27,3 Millionen Dollar an die USA.

1804 (1. Januar) Nach einem gescheiterten Versuch Napoléons, Frankreichs Herrschaft auf Hispaniola wiederherzustellen (1802/1803), wird Haiti als zweiter Staat auf dem amerikanischen Kontinent und als erster Staat, in dem eine Sklavenbevölkerung Freiheit und Selbstbestimmung erringt, unabhängig.

1804 (21. März) In Frankreich tritt der *Code civil* in Kraft; er übt einen starken Einfluss auf die Gesetzgebung in vielen Staaten des Kontinents aus.

1804 (18. Mai) Napoléon Bonaparte nimmt als Napoleon I. den Titel eines *Kaisers der Franzosen* (bis 1814/1815) an. Noch im selben Jahr folgt der römisch-deutsche Kaiser (seit 1792) Franz II. diesem Beispiel und wird als Franz I. († 1835) erblicher *Kaiser von Österreich*.

1804 Mit ersten Aufständen in Serbien beginnt der Freiheitskampf der Balkanvölker gegen die osmanische Herrschaft.

1804 Der Bonner Komponist Ludwig van Beethoven (*1770, † 1827) vollendet seine 3. Symphonie Es-Dur (*Eroica*).

Sieg der britischen über die französisch-spanische Flotte bei Trafalgar; Gemälde von A. E. F. Mayer (1805–1890).

1805 Großbritannien, Russland und Österreich verbünden sich im *3. Koalitionskrieg* gegen Napoleon zu einer Tripelallianz. Mit dem Sieg über die französisch-spanische Flotte am Kap Trafalgar sichert Admiral Nelson die britische Herrschaft zur See endgültig (21. Oktober). Demgegenüber erringt Napoleon zu Lande in der Dreikaiserschlacht bei Austerlitz seinen glänzendsten Sieg über die verbündeten Österreicher und Russen (2. Dezember). Im anschließenden *Frieden von Preßburg* muss Österreich auf sämtliche Gebiete in Italien und im Südwesten des Reiches verzichten.

1806 (12. bzw. 19. Juli) Napoleon begründet den seinem Protektorat unterstehenden *Rheinbund*, dem neben kleineren Gliedern des Reiches die von ihm stark vergrößerten deutschen Mittelstaaten (u. a. Bayern, Württemberg, Baden, Hessen-Darmstadt) angehören. Kaiser (seit 1792) Franz II. entsagt in Reaktion darauf am 6. August der römisch-deutschen Kaiserwürde, die somit nach mehr als 1000 Jahren erlischt.

1806 (14. Oktober) Im *4. Koalitionskrieg* unterliegt Preußen den Franzosen in der Doppelschlacht von Jena und Auerstädt. Napoleon verkündet anschließend von Berlin aus die *Kontinentalsperre*, die eine Einfuhr britischer Waren auf den Kontinent und die Lieferung von Getreide nach Großbritannien unterbinden soll.

1807 (1. Mai) Großbritannien und die USA verbieten den Sklavenhandel und die Einfuhr afrikanischer Sklaven mit Beginn des Jahres 1808. Erst am Ende des Jahrhunderts jedoch ist dieses Verbot auf dem Atlantik überall durchgesetzt.

1807 (9. Oktober) Auf Initiative des Freiherrn vom Stein (*1757, † 1831) wird in Preußen die *Bauernbefreiung* verfügt – als erste wichtige Maßnahme der erst durch die militärische Niederlage initiierten *preußischen Reformen*.

1809 Wilhelm v. Humboldt (*1767, † 1835) beginnt mit Maßnahmen zur Reform des Bildungswesens in Preußen. 1810 gründet er die Berliner Universität.

1810 In Mexiko beginnt die Unabhängigkeitsbewegung unter den Priestern Hidalgo (hingerichtet 1811) und Morelos (hingerichtet 1815) als (freilich völlig gescheiterte) soziale Revolution. Auch in Neu-Granada (Kolumbien), Venezuela und am Rio de la Plata (Argentinien) setzt die Unabhängigkeitsbewegung gegen die spanische Herrschaft ein, vorläufig ohne sich durchzusetzen.

1810 (2. November) In Preußen wird die Gewerbefreiheit verkündet und der Zunftzwang aufgehoben. 1811 folgt ein *Regulierungsedikt*, in dem die Ablösung der feudalen Abgaben und Dienste geregelt werden, 1812 die Emanzipation der Juden.

1812 (11. März) Spanien erhält eine (freilich schon bald wieder aufgehobene) fortschrittliche Verfassung, deren Anhänger erstmals *Liberale* genannt werden.

1812 Napoleons im Juni begonnener Feldzug gegen Russland, seinen letzten Festlandgegner, scheitert auf ganzer Linie. Mit der *Konvention von Tauroggen* scheidet Preußen daraufhin aus dem Bündnis mit Napoleon aus.

1812 Der Franzose Nicolas François Appert (*1752, † 1841) gründet die erste Konservenfabrik der Welt. Die neue Technik revolutioniert durch das «Festhalten der Jahreszeiten» die Nahrungsgewohnheiten in den Industrieländern.

1813 Russland, Preußen, Großbritannien, Österreich und Schweden schließen ein Bündnis gegen Napoleon; dieser wird in der *Völkerschlacht bei Leipzig* von den alliierten Armeen vernichtend geschlagen (16.–19. Oktober). Der *Rheinbund* löst sich daraufhin auf. Die napoleonischen Staatsbildungen in der Mitte und im Norden Deutschlands verschwinden von der Landkarte, wohingegen die von Napoleon geschaffenen Staaten Süddeutschlands erhalten bleiben.

1814 In der Neujahrsnacht überschreitet der preußische Marschall Blücher den Rhein bei Kaub; er trägt den Krieg damit nach Frankreich selbst.

1814 (14. Januar) Im *Frieden von Kiel* überlässt Dänemark sein Nebenland Norwegen dem schwedischen König, der 1808 allerdings Finnland an Russland hatte abtreten müssen.

1814 (6. April) Nach dem Einzug der Alliierten in Paris dankt Napoleon förmlich ab, um sich auf Elba zurückzuziehen. Unter Ludwig XVIII. († 1824) wird die *Bourbonen*herrschaft in Frankreich, das eine konstitutionelle Verfassung erhält, restauriert.

1814 In England wird erstmals eine von George Stephenson (*1781, † 1841) gebaute Dampflokomotive zum Kohletransport eingesetzt.

1815 (1. März) Napoleon kehrt überraschend von Elba nach Frankreich zurück. Die auf dem *Wiener Kongress* versammelten Mächte erneuern daraufhin ihr Bündnis.

1815 (13. März) Die südlichen Niederlande werden mit den nördlichen zum Königreich – erblich im Hause *Nassau-Oranien* – vereinigt.

1815 (8. Juni) Auf dem *Wiener Kongress* wird mit der Unterzeichnung der *Deutschen Bundesakte* der *Deutsche Bund* aus 41 Einzelstaaten begründet. Sein oberstes Gremium ist der *Bundestag* in Frankfurt unter dem Präsidium Österreichs.

1815 (9. Juni) Auf dem *Wiener Kongress* wird die *Schlussakte* unterzeichnet: Preußen erhält Posen, Schwedisch-Vorpommern, Teile Sachsens und vor allem große Gebiete im Westen (Rheinland, Westfalen), die wegen ihres Wirtschaftspotentials die spätere strukturelle Überlegenheit der *Hohenzollern*monarchie innerhalb des Deutschen Bundes begründen. Österreich muss demgegenüber endgültig auf seine alten Positionen am Rhein verzichten, erhält dafür aber Oberitalien und Teile Polens. Russland gewinnt Kernpolen als Königreich. Großbritannien behält die meisten der von ihm während der Koalitionskriege eroberten Kolonien.

Anonyme französische Karikatur (1815) der Teilnehmer des Wiener Kongresses nach dem endgültigen Sturz Napoleons.

1815 (18. Juni) Napoleon wird bei Waterloo von den verbündeten Briten (unter Wellington) und Preußen (Blücher) entscheidend geschlagen und dankt daraufhin ein zweites Mal ab. Er wird auf die abgelegene britische Insel St. Helena im Atlantik verbannt, wo er 1821 stirbt. Frankreich wird in einem neuerlichen Friedensschluss auf die Grenzen von 1790 zurückgeführt.

1816 Die *Vereinigten Staaten am Rio de la Plata* (später: Argentinien) erklären ihre Unabhängigkeit von Spanien.

1817 Die deutschen Burschenschaften feiern auf der Wartburg ein Fest, auf dem nationale und liberale Forderungen erhoben werden.

1818 *Kongress von Aachen*: Frankreich kehrt als gleichberechtigtes Mitglied in das europäische Mächtekonzert zurück. Das System der *Pentarchie*, d. h. der Vorherrschaft von Großbritannien, Russland, Frankreich, Österreich und Preußen in Europa, ist damit voll ausgebildet.

1819 (7. August) Nach zehnjährigem Unabhängigkeitskampf wird Neu-Granada als *Großkolumbien* (unter Einschluss von Venezuela, Ecuador und Panama) unabhängig. Erster Präsident ist bis 1830 Simón Bolívar (* 1783, † 1830).

1819 (20. September) Im *Deutschen Bundestag* werden nach einem politischen Mord die *Karlsbader Beschlüsse* gefasst, die u. a. eine Verschärfung der Zensur und Maßnahmen gegen «revolutionäre Umtriebe» im Gebiet des Deutschen Bundes vorsehen.

1819 Die Briten gründen Singapur als rasch aufstrebende und bald wichtigste ihrer *Straits Settlements*.

1820 *Missouri Compromise* in den USA: Die Sklaverei wird nördlich einer Linie von 36°30 N verboten; Missouri wird als sklavenhaltender, Maine als sklavenfreier Staat in die Union aufgenommen. Sektionalismus und Konfrontation zwischen Nord und Süd können dadurch aber nicht dauerhaft niedergehalten werden.

1821 (Januar–Mai) Auf dem *Kongress von Laibach* beschließen die konservativen Mächte Europas (Russland, Österreich und Preußen) eine bewaffnete Intervention in Neapel und Sardinien-Piemont, wo Aufstände die monarchische Legitimität bedrohen. Die Bewegung des *Risorgimento*, die einen geeinten italienischen Nationalstaat erstrebt, kann dadurch aber nicht dauerhaft erstickt werden.

1821 (15. September) Mexiko wird unter Führung der kreolischen Oberschicht zunächst als Kaiserreich und bis 1823 unter Einschluss aller mittelamerikanischen Staaten (ohne Panama) von Spanien unabhängig; seit 1824 ist es eine föderative Republik. Im selben Jahr erklärt auch Peru seine Unabhängigkeit, die es jedoch erst nach der spanischen Niederlage bei Ayacucho (1824) und dem Abzug der letzten spanischen Truppen aus dem Hafen von Callao (1826) durchsetzen kann.

1822 (13. Januar) Griechenland erklärt seine Unabhängigkeit. Im nachfolgenden Krieg mit der *Pforte* unterstützt eine breite europäische Öffentlichkeit den Freiheitskampf der Griechen.

1822 (7. September) Brasilien erklärt seine Unabhängigkeit von Portugal als Kaiserreich unter einem Spross der portugiesischen Königsdynastie *Bragança*.

1825 In London wird ein Leitungssystem für Gas fertiggestellt, mit dem eine dauerhafte Innenbeleuchtung von Räumen möglich wird. Es steht am Anfang einer dauerhaft verfügbaren ubiquitären künstlichen Helligkeit, die das Leben in den Industrieländern revolutioniert.

1825 Zwischen den englischen Städten Stockton und Darlington wird die erste Eisenbahnstrecke der Welt eröffnet. Die erste Eisenbahn für den Personenverkehr rollt 1830 zwischen Manchester und Liverpool, die erste deutsche Eisenbahn 1835 zwischen Nürnberg und Fürth.

1827 Eine französisch-britisch-russische Flotte vernichtet die osmanisch-ägyptische Streitmacht bei Navarino und rettet so den griechischen Aufstand. Die *Pforte* muss die Unabhängigkeit Griechenlands 1829 im *Frieden von Edirne* anerkennen.

1828 Shaka, der das Volk der *Zulu* geformt und in Südafrika einen straff organisierten Militärstaat aufgebaut hat, wird ermordet.

1830 (5. Juli) Frankreich beginnt mit der Eroberung Algeriens, wo in der Folge eine französische Siedlungskolonie entsteht.

1830 (27.–29. Juli) König (seit 1824) Karl X. von Frankreich wird durch einen Volksaufstand gestürzt; zum Nachfolger (bis 1848) wählt man Louis Philippe aus dem Zweig *Orléans* der *Bourbonen*. Mit ihm gelangt die Großbourgeoisie zur Macht. Die Pariser *Juli-Revolution* zeitigt Nachwirkungen fast überall in Europa.

1830 (18. November) Ein Nationalkongress proklamiert die Unabhängigkeit Belgiens (= der südlichen Niederlande) vom Königreich der Niederlande. Sie wird von den fünf Großmächten alsbald anerkannt. Der neue Staat erhält 1831 eine beispielhafte liberale Verfassung und mit Leopold I. (bis 1865) einen König aus dem Hause *Sachsen-Coburg-Saalfeld*.

1831 Giuseppe Mazzini (*1805, † 1872), Vorkämpfer für die Freiheit und Einheit Italiens, gründet in Marseille den Geheimbund *La Giovane Italia*, den er 1834 mit Freiheitsgruppen aus anderen Ländern zum *Jungen Europa* vereint.

1832 (27.–30. Mai) 30 000 Teilnehmer versammeln sich in der Pfalz zum *Hambacher Fest*. Sie fordern u. a. die Anerkennung der Volkssouveränität, die Einheit Deutschlands und die Einigung Europas in einer Konföderation der Republiken.

1832 (4. Juni) In Großbritannien setzt das liberale Kabinett Grey (1830–1834) die erste Parlamentsreform durch; sie sieht eine Reform der Wahlkreiseinteilung und eine Erweiterung des Kreises der Wahlberechtigten vor.

1832 In Großbritannien erscheint ein Buch, in dem erstmals exakte Empfehlungen zur Empfängnisverhütung gemacht werden. Der Prozess der *demographischen Transition* (= des Übergangs zu niedriger Geburtenrate und Sterblichkeit) in Europa wird dadurch weiter beschleunigt.

1834 (1. Januar) Im britischen Kolonialreich wird die Sklaverei aufgehoben. Zum Ersatz der Arbeitskräfte werden in der Folge vor allem indische, aber auch chinesische Kontraktarbeiter angeworben.

1834 (1. Januar) Mit dem *Deutschen Zollverein* wird unter Einschluss Süddeutschlands unter preußischer Führung der größere Teil des Deutschen Bundes (freilich ohne Österreich, Hannover und die Hansestädte) zu einem geschlossenen Zollgebiet vereinigt. Die *kleindeutsche Lösung* – die Einigung Deutschlands ohne Österreich – wird dadurch strukturell präformiert.

1836 In Südafrika beginnt der *Große Trek*. Tausende von niederländischen Buren verlassen die britische Kapkolonie nordwärts. Sie gründen 1839 Natal, 1857 die Südafrikanische Republik (Transvaal) und 1854 den Oranje-Freistaat.

1837 (20. Juni) Mit der Thronbesteigung Königin Victorias († 1901) in Großbritannien endet die Personalunion, die seit 1714 mit Hannover bestanden hatte.

1837 Der französische Maler Louis Jacques Daguerre (*1787, † 1851) erfindet das erste photographische Verfahren – die *Daguerreotypie.*

1838 Der sozialkritische englische Romancier Charles Dickens (*1812, † 1870) veröffentlicht seinen ersten Roman: *Oliver Twist.*

1839 Der amerikanische Chemiker Charles Nelson Goodyear (*1800, † 1860) erfindet die Kautschukvulkanisation.

1840 (21. Mai) Großbritannien annektiert die Südinsel Neuseelands aufgrund des Entdeckungsrechts, die Nordinsel aufgrund des mit den indigenen Maori abgeschlossenen *Vertrages von Waitangi* vom 6. Februar 1840. Auf beiden Inseln entstehen nachfolgend – begleitet von blutigen Konflikten mit den Maori – europäische Siedlungskolonien.

1840 Der deutsche Chemiker Justus von Liebig (*1803, † 1873) propagiert in einer Publikation die (künstliche) Mineraldüngung zur Steigerung der landwirtschaftlichen Produktion.

1841 (13. Juli) Mit der *2. Londoner Konvention* zwischen den fünf europäischen Großmächten und dem Osmanischen Reich endet die seit 1839 andauernde *orientalische Krise.* Die *Pforte* erkennt die faktische Unabhängigkeit Ägyptens unter Mehmet Ali (1805–1848) an.

1841 Der Baptistenprediger Thomas Cook führt in England die erste organisierte Bahnreise durch. Damit beginnt das Zeitalter des organisierten Massentourismus.

1842 (9. März) Dem italienischen Komponisten Giuseppe Verdi (*1813, † 1901) gelingt mit der Oper *Nabucco* der Durchbruch zu Weltruhm.

1842 (29. August) Mit dem *Vertrag von Nanjing* zwischen Großbritannien und China wird der 1839 aufgeflammte *Opiumkrieg* beendet. Die Briten erhalten Hongkong als Kolonie und den unbeschränkten Zutritt zu fünf Vertragshäfen. Die Inferiorität Chinas gegenüber den westlichen Industriestaaten wird mit diesem ersten der «ungleichen Verträge» deutlich.

1843 In Großbritannien läuft der erste eiserne und schraubengetriebene Dampfer vom Stapel.

1846 (30. April) Die Annexion von Texas durch die USA (1845) provoziert Mexiko zu einer Offensive gegen die USA; es verliert den Krieg jedoch. Im *Frieden von Guadelupe Hidalgo* von 1848 muss Mexiko größere Teile seines Territoriums einschließlich Kaliforniens (1850 31. und sklavenfreier Bundesstaat) an die USA abtreten.

1846 (25. Juni) In Großbritannien werden die Importrestriktionen für Getreide abgeschafft; als erstes Land der Erde geht England damit zum Prinzip des Freihandels über.

1846/47 Extreme Ernteausfälle bei Getreide und Kartoffeln lösen die letzte Subsistenzkrise in Europa aus. Besonders groß ist die Not in Irland, wo ein Massensterben einsetzt und die Auswanderung nach Amerika gewaltig zunimmt.

1847 In Westafrika wird als erster moderner schwarzafrikanischer Staat die Republik Liberia proklamiert. Freigelassene Sklaven aus den USA, die seit 1821 hier siedeln, beherrschen ihn bis 1980, ehe er in Anarchie versinkt.

1848 (12. Januar) Mit einem Aufstand in Palermo beginnt das Jahr der Revolution in Europa. Erstes Ergebnis ist eine konstitutionelle Verfassung für das *Königreich beider Sizilien.*

1848 (24. Februar) In Frankreich wird das Bürgerkönigtum gestürzt. Louis Philippe, König seit 1830, geht ins englische Exil. Als erste Reformmaßnahme wird eine Emanzipation der Sklaven im französischen Kolonialreich proklamiert.

1848 (27. Februar) In Deutschland beginnt die Revolution in Baden, um sich bald auf fast alle Bundesglieder auszudehnen. In Wien wird Hof- und Staatskanzler (seit 1809 bzw. 1821) Metternich gestürzt, in Berlin tobt ein Barrikadenkampf, in Bayern dankt König (seit 1825) Ludwig I. ab. Hauptziel der Aufständischen ist die Vereinigung Deutschlands zu einem Nationalstaat nach westlichen Vorbildern, wobei die *Liberalen* dafür die Staatsform der konstitutionellen Monarchie vorsehen, während die radikalen *Demokraten* eine Republik erstreben. In der Frankfurter *Paulskirche* tritt das erste gesamtdeutsche Parlament am 18. Mai als Nationalversammlung zusammen, um eine Verfassung auszuarbeiten. Auch Preußen und Österreich, wo die Revolution jeweils schon nach wenigen Monaten niedergeworfen wird, erhalten Volksvertretungen und konstitutionelle Verfassungen nach dem Vorbild der süddeutschen Staaten.

1848 In London wird anonym das *Kommunistische Manifest* von Karl Marx (*1818, † 1883) und Friedrich Engels (*1820, † 1895) veröffentlicht.

1849 (28. März) Nach Verabschiedung einer Reichsverfassung bietet die *Deutsche Nationalversammlung* dem Preußenkönig die (deutsche) Kaiserkrone an. Friedrich Wilhelm IV. (1840–1861) lehnt jedoch am 28. April ab. Der erste Versuch, einen deutschen Nationalstaat zu schaffen, scheitert damit auf ganzer Linie.

1849 (23. Juli) In der Pfalz und in Baden, wo die Demokraten für kurze Zeit die Macht erringen, wird die radikale Revolution von preußischen Truppen endgültig niedergeworfen.

1849 (13. August) Das Ende der revolutionären Bewegung in Europa wird durch die Kapitulation der ungarischen Armee vor den russischen Interventionstruppen markiert. Ein bleibendes Ergebnis zeitigt die Revolution fast überall nur mit der Beseitigung der alten Agrarverfassung.

1851 In London wird in dem eigens dafür errichteten *Crystal Palace* die erste Weltausstellung eröffnet.

1851 (2. Dezember) Mit einem Staatsstreich übernimmt Louis Napoleon (Präsident seit 1848) die Macht in Frankreich vollständig. Im Jahr darauf proklamiert er sich zum *Kaiser der Franzosen* (bis 1870).

1853 Mit der Übergabe eines Briefes des amerikanischen Präsidenten an den Shogun durch Commodore Matthew C. Perry beginnt die erzwungene Öffnung Japans gegenüber dem Westen (*Vertrag von Kanagawa* mit den USA 1854).

1854 Großbritannien und Frankreich treten an der Seite des Osmanischen Reiches in den im Jahr zuvor begonnenen Krieg gegen Russland ein. Sie landen große Truppenkontingente auf der Halbinsel Krim, wo 1855 nach langer Belagerung die Festung Sewastopol erobert wird. Mit dem *Frieden von Paris* endet 1856 der *Krimkrieg*. Die Integrität des Osmanischen Reiches wird darin garantiert.

1857 In Italien wird die *Società nazionale* gegründet. Sie erstrebt eine Einigung Italiens unter der Führung von Sardinien-Piemont, dessen Regierungschef Graf Cavour dabei eine Führungsrolle übernimmt. Nach diesem Vorbild entsteht 1859 der *Deutsche Nationalverein*.

1858 Mit dem *India Act* wird die Ostindienkompanie aufgelöst, ihr Besitz von der Krone übernommen. Gleichzeitig wird der (Schatten-) Herrscher von Delhi, der letzte *Großmogul*, abgesetzt. Den Titel einer *Kaiserin von Indien* nimmt 1876/1877 die englische Königin Victoria (1837–1901) an.

1859 Im Krieg mit dem von Frankreich unterstützten Sardinien-Piemont erleiden die Österreicher im Juni bei Magenta und Solferino schwere Niederlagen. Sie müssen die Lombardei daraufhin an Sardinien-Piemont abtreten.

1859 Der britische Naturforscher Charles Darwin (* 1809, † 1882) veröffentlicht sein Hauptwerk *Über die Entstehung der Arten*, mit dem er der Selektionstheorie und damit dem Entwicklungsgedanken in der modernen Biologie zum Durchbruch verhilft.

1859 Der wirkungsmächtige deutsche Komponist Richard Wagner (*1813, † 1883) vollendet sein Musikdrama *Tristan und Isolde*, in dem sich die für die moderne Musik charakteristische Auflösung der Harmonik bereits abzeichnet.

1860 In den USA wird Abraham Lincoln (* 1809, † 1865) von der 1854 gegründeten *Republikanischen Partei*, ein erklärter Gegner der Sklaverei, zum Präsidenten gewählt (Amtsantritt 1861). Dies führt noch im selben Jahr zur Sezession South Carolinas. Elf der fünfzehn sklavenhaltenden (Süd-)Staaten der USA bilden 1861 die *Konföderierten Staaten von Amerika*. Die *Union* sucht diese Sezession zu verhindern: Mit der Beschießung von Fort Sumter beginnt im April 1861 ein blutiger Bürgerkrieg zwischen Nord und Süd.

1861 (19. Februar) Kaiser Alexander II. (1855–1881) verkündet die Bauernbefreiung in Russland.

1861 (14. März) In Turin wird das Königreich Italien unter Viktor Emanuel II. († 1878) proklamiert. Es umfasst außer dem Latium und dem Veneto ganz Italien.

1861 (26. Oktober) Der deutsche Physiker Johann Philipp Reis (*1834, † 1874) führt in Frankfurt das von ihm konstruierte erste Telefon vor.

1862 (5. Februar) Die bereits 1861 geeinten Fürstentümer Walachei und Moldau werden zum Einheitsstaat Rumänien zusammengeschlossen.

1862 (8. Oktober) König Wilhelm I. (1861–1888) beruft mitten im Verfassungskonflikt mit dem Abgeordnetenhaus um die Heeresreform und das Budgetrecht Otto v. Bismarck (*1815, † 1898) zum preußischen Ministerpräsidenten (bis 1890). Dieser regiert gegen die liberale Kammeropposition zunächst mit Hilfe der *Lückentheorie*.

1863 Auf Initiative des Schweizer Kaufmanns Henri Dunant wird in Genf das *Internationale Rote Kreuz* gegründet.

1864 Österreichische und preußische Truppen besiegen Dänemark, das daraufhin im *Frieden von Wien* auf Schleswig, Holstein und Lauenburg verzichten muss.

1865 (9. April) Nach entscheidenden Niederlagen bei Gettysburg und Vicksburg (1863) kapitulieren die Konföderierten endgültig im *Appomattox Court House*. Mit der Besetzung des Südens durch Unions-Truppen sind die USA wieder vereint. Kurze Zeit darauf wird Abraham Lincoln (*1809) am 15. April als erster amerikanischer Präsident (seit 1861) ermordet. Die Sklaverei wird mit dem *13. Amendment* zur Verfassung endgültig im Gesamtgebiet der USA abgeschafft.

1865 (14. Juli) Die Erstbesteigung des Matterhorns durch eine britische Seilschaft markiert den Beginn des modernen Alpinismus.

1866 Der deutsche Dualismus gipfelt im Deutschen Krieg: Preußen besiegt Österreich (Schlacht bei Königgrätz am 3. Juli) und dessen süddeutsche Verbündete, die daraufhin eine Kehrtwende vollziehen. Der Deutsche Bund wird aufgelöst. Preußen einigt den Norden Deutschlands bis zur Mainlinie unter seiner Führung im *Norddeutschen Bund*. Österreich gehört nicht länger zur deutschen Staatenwelt.

1867 (30. März) Russland verkauft Alaska an die USA für 7,2 Millionen Dollar.

1867 (1. Juli) Kanada wird als erstes weißes *Dominion* faktisch von Großbritannien unabhängig. Der ererbte Konflikt zwischen Anglo- und Frankophonen stellt jedoch die Einheit des Landes nachfolgend immer wieder in Frage.

1867 (21. Dezember) Mit dem *Österreichisch-ungarischen Ausgleich* wird die Habsburger-Monarchie neu organisiert: Österreichische und ungarische Reichshälfte erhalten eigene Regierungen und Parlamente. Gemeinsam sind nur noch Außenpolitik, Verteidigung und Finanzen.

1868 Nach dem Rücktritt des letzten *Tokugawa*-Shoguns (1867) übernimmt Kaiser Meiji-*Tenno* († 1912) die Macht in Japan. Das Shogunat wird abgeschafft, die Macht des Feudaladels bis 1873 gebrochen. Der Kaiser verlegt seine Residenz von Kyoto nach Tokyo.

1869 (10. Mai) Mit der Schließung der Lücke zwischen *Central Pacific* und *Union Pacific Railroad* in Utah wird die erste transkontinentale Bahn vom Atlantik zum Pazifik in den USA vollendet.

1869 (16. November) Der *Suezkanal* wird als Verbindung zwischen Mittelmeer und Rotem Meer von der französischen Kaiserin Eugénie eröffnet. Der Seeweg nach Indien verkürzt sich dadurch erheblich. Die Masse der Kanalaktien befindet sich in französischem und britischem Besitz.

1869 Der deutsche Chemiker Julius Lothar Meyer und der russische Chemiker Dmitri Ivanowitsch Mendelejev entwickeln gleichzeitig, aber unabhängig voneinander das *Periodensystem der Elemente*.

1870 (18. Juli) Auf dem I. *Vatikanischen Konzil* wird das Dogma von der Unfehlbarkeit des Papstes in Fragen der Glaubens- und Sittenlehre verkündet. Der Kulturkampf zwischen Liberalen und katholischer Kirche verschärft sich daraufhin überall in Europa.

1870 (19. Juli) Frankreich erklärt Preußen wegen der möglichen Kandidatur eines (katholischen) Hohenzollern für den spanischen Thron den Krieg, in dem es überraschend schnell unterliegt (Schlacht bei Sedan am 2. September). Kaiser (seit 1852) Napoleon III. muss daraufhin abdanken. Infolge der französischen Niederlage muss auch der Papst auf seine weltliche Herrschaft über Rom und das Latium verzichten. Seine Gebiete werden dem Königreich Italien eingegliedert. Italien bildet damit zum ersten Mal seit byzantinischer Zeit eine politische Einheit. Nach Turin und Florenz wird Rom neue Hauptstadt des Landes.

1871 (18. Januar) Im Spiegelsaal des Schlosses von Versailles wird der preußische König (seit 1861) Wilhelm I. († 1888) zum *Deutschen Kaiser* ausgerufen. Damit entsteht aus dem Norddeutschen Bund und den vier süddeutschen Staaten Bayern, Württemberg, Baden und Hessen-Darmstadt unter preußischer Hegemonie mit vielhundertjähriger Verspätung gegenüber west- und nordeuropäischen Ländern der erste deutsche Nationalstaat. An der Spitze seiner Regierung steht bis 1890 Otto von Bismarck als *Reichskanzler*.

1871 (10. Mai) Im *Frieden von Frankfurt* muss Frankreich das Elsass und das nördliche Lothringen an Deutschland abtreten und eine Kriegsentschädigung bezahlen.

1871 (21.–28. Mai) Die französische Regierung lässt den sozialrevolutionären Aufstand der *Pariser Kommune* blutig niederwerfen.

1873 Mit dem *Wiener Börsenkrach* setzt eine Weltwirtschaftskrise ein, die sich als *Große Depression* bis in die neunziger Jahre hinzieht. Die Massenauswanderung aus Europa – v. a. mit dem Ziel USA – erreicht in diesen Jahren ihren absoluten Höhepunkt.

1873 Der amerikanische Industrielle Philo Remington nimmt als Erster die industrielle Produktion von Schreibmaschinen auf.

1874 Die französischen *Impressionisten* veranstalten eine erste gemeinsame Ausstellung ihrer Gemälde.

Sonnenaufgang im Außenhafen von Le Havre; Ölgemälde von C. Monet, 1872.

1874 Der deutsche Ingenieur Carl Linde (*1842, † 1934) entwickelt die erste Kältemaschine. Die neue Kühltechnik verändert in den nachfolgenden Jahrzehnten die Nahrungsgewohnheiten in den Industrieländern gründlich.

1875 Mit dem Inkrafttreten mehrerer Verfassungsgesetze entscheidet sich Frankreich endgültig für die republikanische Staatsform (*III. Republik*).

1876 Die Indianer erringen am Little Big Horn River in Montana einen letzten Sieg über die US-Kavallerie unter General George A. Custer.

1877 Mit dem Rückzug aller Unions-Truppen aus dem Süden endet die Ära der *Rekonstruktion* (=Wiedereingliederung der Südstaaten) in den USA. Lebensbedingungen und politische Rechte der Afroamerikaner verschlechtern sich in der Folge erheblich.

1878 (13. Juni–13. Juli) Nach der Niederlage des Osmanischen Reiches im Kampf mit Russland und den aufständischen Balkanvölkern wird auf dem *Berliner Kongress* Frieden geschlossen: Russland gewinnt u. a. Kars und Batumi; Montenegro, Serbien und Rumänien werden vom Osmanischen Reich vollkommen unabhängig; Österreich darf Bosnien-Herzegowina besetzen; Griechenland wird um Thessalien und einen Teil von Epirus vergrößert; Bulgarien wird als der *Pforte* tributäres Fürstentum neu begründet; Großbritannien übernimmt die Verwaltung Zyperns.

1878 (18. Oktober) Der deutsche Reichskanzler (1871–1890) Otto v. Bismarck setzt im Reichstag das *Gesetz gegen die gemeingefährlichen Bestrebungen der Sozialdemokratie* durch.

1879 Im deutschen Reichstag wird ein neuer Zolltarif angenommen, der den Übergang zur Schutzzollpolitik im Interesse der Großagrarier und der Schwerindustrie markiert. Er bedeutet gleichzeitig das Ende des Zusammenwirkens von Bismarck mit den Nationalliberalen.

1882 (14. September) Ägypten wird als Vizekönigreich unter osmanischer Suzeränität de facto ganz britischem Einfluss unterworfen.

1882 Der deutsche Bakteriologe Robert Koch (*1843, † 1910) entdeckt den Tuberkelbazillus, 1884 auch den Erreger der Cholera.

1882 Der amerikanische Erfinder Thomas Alva Edison (*1847, † 1931) richtet in New York das erste Elektrizitätswerk der Welt ein.

1883 Im Deutschen Reich wird die Krankenversicherung für Arbeiter eingeführt, 1884 auch eine Unfallversicherung. 1889 folgt als Höhepunkt und Abschluss der Bismarck'schen Sozialgesetzgebung die Alters- und Invalidenversicherung.

1884 Das Deutsche Reich wird Kolonialmacht. Es erwirbt Kamerun, Südwestafrika, Togo, den Nordosten Neuguineas, die Marshall-Inseln und 1885 auch Ostafrika (seit 1899 unter Einschluss von Ruanda-Urundi), schließlich noch Nauru (1888).

1884 Nach der erst mit dem Eisenbahnverkehr erzwungenen Fixierung von einheitlichen Zeiten für größere Regionen werden Standard-Zeitzonen für die gesamte Erde festgelegt.

1886 Der deutsche Ingenieur Carl Friedrich Benz (*1844, † 1929) baut in Mannheim das erste Automobil der Welt.

1887 Der deutsch-amerikanische Ingenieur Emil(e) Berliner (*1851, † 1929) erfindet das Grammophon zum Abspielen von Schallplatten.

1888 *Dreikaiserjahr* in Deutschland: Auf Wilhelm I. (seit 1871) folgt zunächst sein Sohn Friedrich III. (*1831), nach dessen baldigem Tod sein Enkel Wilhelm II. (*1859; bis 1918).

Benz Patent-Motorwagen,
1886.

1888 Dem deutschen Physiker Heinrich Hertz (*1857, † 1894) gelingt die Erzeugung und der Nachweis elektromagnetischer Wellen.

1888 In Brasilien wird die Sklaverei abgeschafft. Als Folge davon stürzt die Monarchie (1889).

1889 Japan erhält eine Verfassung und ein Parlament. Das ostasiatische Kaiserreich ist das einzige außereuropäische Land, dem es ohne die Zwischenstufe einer (quasi-) kolonialen Abhängigkeit gelingt, bei Wahrung eigener Identität und Tradition europäische Standards (vor allem in der Wirtschaft und beim Militär) zu adaptieren.

1890 Der deutsche Kaiser entlässt Reichskanzler (seit 1871) Bismarck aus dem Amt. Das *Sozialistengesetz* wird anschließend nicht verlängert.

1891 (15. Mai) Papst Leo XIII. (1878–1903) verkündet die erste Enzyklika der katholischen Kirche zur sozialen Frage.

1891 In Russland beginnt man mit dem Bau der *Transsibirischen Eisenbahn*, die freilich erst 1916 fertiggestellt ist.

1892 Russland und Frankreich schließen eine zunächst geheime Militärkonvention zur gegenseitigen militärischen Unterstützung bei einem deutschen Angriff.

1893 In Neuseeland wird das allgemeine Wahlrecht – auch für Frauen – eingeführt – lange bevor dies in Europa (zuerst in Finnland 1907) und Nordamerika (in Wyoming allerdings schon seit 1869) geschieht, wo Frauen das Wahlrecht fast überall erst nach dem I. Weltkrieg erhalten (in Deutschland 1918/1919).

1895 (17. April) Im *Frieden von Shimonoseki* muss China nach einem verlorenen Krieg (seit 1894) Taiwan und die Pescadores-Inseln an das siegreiche Japan abtreten und die Unabhängigkeit Koreas anerkennen.

1895 Der deutsche Physiker Wilhelm Conrad Röntgen (*1845, † 1923) entdeckt die später nach ihm benannten Strahlen (von ihm selbst als *X-Strahlen* bezeichnet).

1895 In Berlin und in Paris werden erstmals Filme vor Publikum vorgeführt.

1896 Im Deutschen Reich beginnt eine Phase der Hochkonjunktur. Sie macht das Land neben den USA zur führenden Industriemacht der Erde.

1896 Theodor Herzl, Begründer des politischen *Zionismus* (*1860, † 1904), veröffentlicht seine Programmschrift *Der Judenstaat*, in der er für die Ansiedlung europäischer Juden in Palästina wirbt.

1896 Der französische Physiker Antoine Henri Becquerel (*1852, † 1908) entdeckt die von Uran ausgehende radioaktive Strahlung.

1897 Mit dem *Dingley-Tariff*, dem höchsten in ihrer Geschichte, erreicht der Protektionismus in den USA als einer noch jungen Industrienation seinen Höhepunkt.

1898 (28. März) Die deutsche Regierung setzt mit dem ersten Flottengesetz ein Programm zum massiven Ausbau der Flotte in Gang und löst damit ein Wettrüsten vor allem mit Großbritannien aus.

Theodor Herzl; Portraitaufnahme um 1900.

1898 Die Herrschaft des *Mahdi* (1881–1885) und seiner Nachfolger provoziert eine britische Intervention im Sudan, der fortan als britisch-ägyptisches Kondominat verwaltet wird. Ein Treffen von Briten und Franzosen bei Faschoda endet mit dem Rückzug der Letzteren – Voraussetzung für das spätere Bündnis beider Mächte.

1898 Im *Splendid Little War* erringen die Vereinigten Staaten, die zugunsten des kubanischen Aufstandes (seit 1895) intervenieren, einen leichten Sieg über Spanien. Kuba wird 1902 und endgültig 1909 unabhängig, verbleibt aber in starker Abhängigkeit von den USA. Spanien muss die Philippinen, Puerto Rico und Guam an die USA abtreten, die damit als ehemalige Kolonie selbst Kolonialmacht werden.

1898 China verpachtet unter massivem Druck die *New Territories* (gegenüber Hongkong) an Großbritannien, Port Arthur (Lüda) an Russland, Kiautschou (Jiaozhou) an das Deutsche Reich und die Bucht von Quanzhou an Frankreich.

1900 Die durch einen Diplomatenmord provozierte Intervention westlicher Mächte (Großbritannien, Frankreich, Deutschland, Österreich-Ungarn, Russland, Italien, USA) einschließlich Japans führt zur Besetzung der chinesischen Hauptstadt Beijing. Die Niederwerfung der in Europa *Boxer-Aufstand* genannten xenophoben Bewegung in China markiert einen Höhepunkt des europäischen Imperialismus und zugleich den Triumph über die einst überlegene chinesische Zivilisation.

1901 Großbritannien gewährt Australien als zweitem weißen *Dominion* die Selbstverwaltung. Als drittes *Dominion* wird 1907 Neuseeland unabhängig.

1902 (31. Mai) Der *Burenkrieg* (seit 1899) endet mit einem britischen Sieg über die Buren. Transvaal und der Oranje-Freistaat werden britisch. Zusammen mit der Kapprovinz und Natal bilden sie jedoch bereits 1910 die unabhängig gewordene *Südafrikanische Union*.

1902 Der österreichische Arzt Sigmund Freud (*1856, † 1939), Begründer der Psychoanalyse, gewinnt seine ersten Schüler (u. a. Alfred Adler).

1903 Den Gebrüdern Orville und Wilbur Wright gelingt in den USA der erste gesteuerte Motorflug.

1904 Großbritannien und Frankreich erzielen einen Ausgleich ihrer kolonialen Interessen und verbünden sich zur *Entente cordiale*.

1905 Im *Frieden von Portsmouth* (USA) muss Russland nach seiner Niederlage im Krieg mit Japan (seit 1904) die Pachtrechte in Port Arthur (China) und den südlichen Teil der Insel Sachalin an Japan abtreten. Der verlorene Krieg erschüttert das politische System Russlands. Kaiser Nikolaus II. (1894–1917) kündigt die Einberufung einer parlamentarischen Vertretung und die Gewährung bürgerlicher Freiheitsrechte an.

1907 Großbritannien und Russland verständigen sich über die Abgrenzung ihrer Interessensphären in Persien, Afghanistan und Tibet. Der Bündnisring um Deutschland wird damit geschlossen.

1908 Bulgarien erklärt seine völlige Unabhängigkeit vom Osmanischen Reich als Königreich. Österreich-Ungarn annektiert gleichzeitig Bosnien-Herzegowina.

1909 Die deutschen Chemiker Fritz Haber (*1868, † 1934) und Carl Bosch (*1874, † 1940) entwickeln die großtechnische Ammoniaksynthese (*Haber-Bosch-Verfahren*; Produktionsreife 1913).

1910 Japan annektiert Korea (seit 1929 japanische Provinz *Chosen*) und macht es in der Folgezeit zum Objekt von Ausbeutung und Plünderung.

1911 Der britische Physiker Ernest Rutherford (* 1871, † 1937) entwickelt das nach ihm benannte Atommodell.

1911 Der Norweger Roald Amundsen (*1872, verschollen 1928) erreicht als erster Mensch den Südpol vor seinem Konkurrenten Robert Falcon Scott (*1868), der im März 1912 auf dem Rückweg vom Pol umkommt.

1912 Durch seit Herbst 1911 andauernde Aufstände erschüttert, wird die Kaiserherrschaft in China nach mehr als 2000 Jahren gestürzt, das Land zur Republik erklärt. Deren Gründer Sun Yatsen (*1866, † 1925) muss aber als Präsident noch im selben Jahr dem Militärbefehlshaber Yuan Shikai († 1916) Platz machen.

1912/1913 Im *ersten Balkankrieg* siegt ein Bündnis aus Serbien, Bulgarien, Griechenland und Montenegro über das Osmanische Reich, das fast seinen gesamten Besitz in Europa verliert.

1913 (3. Oktober) Mit dem *Underwood-Simmons-Tariff* werden die Einfuhrzölle in den USA drastisch gesenkt; die bis dahin vom Protektionismus geprägte amerikanische Politik verfolgt seither die Ziele des Freihandels – besonders nach 1945.

1913 In den Automobilwerken von Henry Ford wird das erste Fließband installiert.

1914 (1. August) Ausgelöst durch den Mord am österreichischen Thronfolger Franz Ferdinand in Sarajewo am 28. Juni und eine nachfolgende Kettenreaktion in den Bündnissystemen beginnt mit der Kriegserklärung Deutschlands an Russland der *Erste Weltkrieg*, in dem Europa seine unumschränkte politisch-militärische Dominanz auf der Welt verlieren wird. Den *Mittelmächten* (Deutschland, Österreich-Ungarn, im Bunde mit dem Osmanischen Reich und Bulgarien [seit 1915]) steht darin die *Entente* (Frankreich, Großbritannien,

Russland, im Bunde mit Japan, Serbien, Italien [seit 1915], Rumänien [seit 1916] und Griechenland [seit 1917]) gegenüber. Im Westen erstarren die Kämpfe rasch zum Stellungskrieg.

1914 (15. August) Der *Panama-Kanal*, der bis Ende 1999 US-amerikanischer Kontrolle untersteht, wird als Verbindung zwischen Atlantik und Pazifik eröffnet.

1915 Der deutsche Physiker Albert Einstein (*1879, † 1955) entwickelt die *allgemeine Relativitätstheorie.*

1916 Beginn der deutschen *Verdun-Offensive*: Trotz eines gewaltigen Einsatzes, der einen ungeheuren Blutzoll auch unter den Verteidigern fordert, gelingt der Durchbruch letztlich nicht.

1917 (2. März) In Russland wird die Monarchie gestürzt. Kaiser (seit 1894) Nikolaus II. dankt ab; er wird 1918 mit seiner Familie von den *Bolschewiki* umgebracht.

1917 (6. April) Wegen der Wiederaufnahme des unbeschränkten U-Boot-Kriegs und der *Zimmermann-Depesche* (Angebot an Mexiko, ein Bündnis mit Deutschland zu schließen) treten die USA in den Krieg gegen die Mittelmächte ein, wodurch deren Niederlage praktisch besiegelt wird.

1917 (25. Oktober) Bolschewistische Verbände unter dem mit deutscher Hilfe nach Russland zurückgekehrten Berufsrevolutionär W. I. Lenin (*1870, † 1924) stürmen das Winterpalais in Petrograd und verhaften die provisorische russische Regierung (*Oktoberrevolution*).

1918 (8. Januar) Der amerikanische Präsident Woodrow Wilson (1913–1921) verkündet seine *14 Punkte* als Grundlage einer Friedensordnung.

1918 (11. November) Nach dem Ausscheiden seiner Verbündeten aus dem Krieg muss auch das Deutsche Reich, das zwei Tage zuvor zur Republik erklärt worden ist, kapitulieren.

1918 Nach dem Zusammenbruch Österreich-Ungarns entstehen die Tschechoslowakei und das Königreich der Serben, Kroaten und Slowenen (*SHS*) als neue Staaten in Europa. Siebenbürgen wird mit Rumänien vereinigt. Neben Finnland entstehen Polen, Litauen,

Estland und Lettland als neue Staaten auf ehemals russischem Territorium.

1919 (19. Januar) Nach der Niederwerfung der radikalen Linken wird in Deutschland eine Nationalversammlung gewählt, die den Sozialdemokraten Friedrich Ebert zum Reichspräsidenten bestimmt (bis 1925) und eine neue demokratische Verfassung erarbeitet (*Weimarer Reichsverfassung* vom 11. August 1919).

1919 (29. April) Der von Präsident Wilson angeregte *Völkerbund* mit Sitz in Genf wird gegründet. Die USA bleiben ihm jedoch fern.

1919 (28. Juni) Im *Friedensvertrag von Versailles* tritt Deutschland Elsass-Lothringen an Frankreich, Posen und Westpreußen an Polen, weitere Gebiete an Litauen und an die Tschechoslowakei ab. Außerdem verliert es sämtliche Kolonien und später nach Volksabstimmungen Gebiete auch an Dänemark, Polen und Belgien. Danzig wird Freie Stadt, das Saarland von Deutschland getrennt und wirtschaftlich Frankreich angeschlossen. Für das deutsche Militär gelten straffe Restriktionen. Langfristig von größter Bedeutung sind jedoch die auf den Kriegsschuldartikel 231 gestützten hohen Reparationsforderungen.

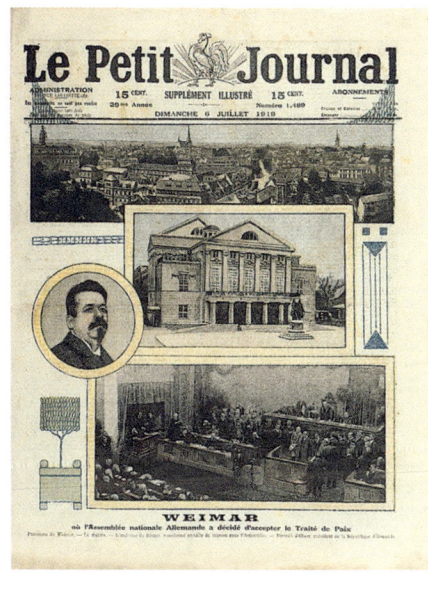

Die Billigung der Unterzeichnung des Friedensvertrags durch die Weimarer Nationalversammlung in der französischen Presse, 6.7.1919.

1919 (10. September) Im *Frieden von St. Germain-en-Laye* muss Österreich die Unabhängigkeit seiner neuen Nachbarn (Tschechoslowakei, Ungarn, *Jugoslawien* [Name erst seit 1929]) anerkennen und Tirol bis zum Brenner an Italien abtreten.

1920 Im *Frieden von Trianon* muss Ungarn auf zwei Drittel seines Territoriums (Kroatien, Siebenbürgen, Slowakei, Banat, Burgenland) verzichten.

1921 (6. Dezember) Großbritannien entlässt Irland als *Dominion* in die Unabhängigkeit (seit 1937/1949 Republik). Nordirland mit seiner protestantischen Mehrheit bleibt aber britisch.

1921 Der Innsbrucker Physiologe Ludwig Haberlandt (*1885, † 1932) entwickelt das Grundkonzept für die hormonelle Kontrazeption. Die Umsetzung zur *Antibabypille* gelingt jedoch erst Jahrzehnte später dem Amerikaner Gregory Pincus (*1903, † 1967).

1922 (3. April) Das *Zentralkomitee* der *Kommunistischen Partei* in Russland wählt Iosif Stalin (*1879, † 1953) zum Generalsekretär. Damit beginnt der Aufstieg eines skrupellosen Machtpolitikers zu unumschränkter Herrschaft.

1922 (September/Oktober) Nationaltürkische Truppen besiegen die Griechen militärisch und leiten deren Massenvertreibung aus Kleinasien ein. Sie besetzen auch Konstantinopel, worauf der letzte Padischah abdankt und die Türkei verlässt. Unter Mustafa Kemal (seit 1934 *Atatürk*), Präsident bis 1938, wird 1923 die Türkische Republik als Nationalstaat europäischen Zuschnitts begründet. 1924 wird auch das Kalifat abgeschafft.

Der «Duce» Benito
Mussolini; italienisches
Plakat um 1930.

1922 (28. Oktober) In Italien marschieren die *Faschisten* unter Benito Mussolini (*1883, † 1945), der vom König anschließend zum Ministerpräsidenten ernannt wird, auf Rom.

1922 (18. November) In Paris stirbt Marcel Proust (*1871) – Schöpfer des modernen Romans (neben James Joyce, dessen Roman *Ulysses* eben 1922 erscheint).

1922 (30. Dezember) Auf dem *I. Allunionskongress* in Moskau wird die Gründung der *Union der Sozialistischen Sowjetrepubliken (UdSSR)* beschlossen.

1922 Arnold Schönberg (*1874, † 1951) vollendet mit seiner *Suite op. 25* das erste vollständige Werk in Zwölftontechnik.

1923 (29. Oktober) In Deutschland wird die erste Rundfunksendung aus dem Berliner *Voxhaus* übertragen. Rundfunk gibt es in den USA schon seit 1920, in Großbritannien seit 1922.

1925 Auf der *Konferenz von Locarno* erkennt Deutschland die Unverletzlichkeit seiner Westgrenzen an; bezüglich der Ostgrenzen verpflichtet es sich, keine Änderung mit Gewalt herbeizuführen. Die maßgeblich von Außenminister Gustav Stresemann (1923–1929) initiierte Aussöhnungspolitik gipfelt 1926 in der Aufnahme Deutschlands in den Völkerbund.

1927 (20.–21. Mai) Der Amerikaner Charles Lindbergh (*1902, † 1974) überquert den Atlantik erstmals im Alleinflug und nonstop von New York nach Paris. Der Passagierverkehr zwischen Amerika und Europa wird jedoch erst im Juni 1939 aufgenommen.

1927 Der deutsche Physiker Werner Heisenberg (*1901, † 1976) stellt die nach ihm benannte Theorie der *Unschärferelation* auf.

1929 (11. Februar) In den *Lateranverträgen* gibt der Papst seinen Widerstand gegen den italienischen Staat auf und erhält dafür die *Vatikanstadt* zum souveränen Besitz.

1929 (24./25. Oktober) Mit einem ersten Crash an der New Yorker Börse beginnt die mehrere Jahre andauernde Weltwirtschaftskrise.

1930 Mahatma Gandhi (ermordet 1948), Führer der indischen Freiheitsbewegung, startet eine neue gewaltlose Kampagne (*civil disobedience*) gegen die britische Kolonialherrschaft in Indien (bis 1933).

1930 (30. März) Nach dem Bruch der letzten parlamentarischen Regierung der Weimarer Zeit beruft der deutsche Reichspräsident v. Hindenburg (1925–1934) den *Zentrums*-Politiker Heinrich Brüning an die Spitze eines nur ihm verantwortlichen Präsidialkabinetts (bis 1932).

1932 Der deutsche Reichspräsident v. Hindenburg (1925–1934) entlässt Kanzler Brüning, kurz bevor auf der *Konferenz von Lausanne* die deutschen Reparationsverpflichtungen aufgehoben werden. In den nachfolgenden deutschen Regierungen sind die alten Adelseliten überproportional stark vertreten.

1933 (30. Januar) Reichspräsident v. Hindenburg (1925–1934) beruft den Führer der rechtsradikalen *Nationalsozialisten* Adolf Hitler (*1889, † 1945) zum deutschen Reichskanzler. Dieser errichtet anschließend binnen weniger Monate eine Diktatur, die schon bald viele Opfer fordert (Einrichtung erster *Konzentrationslager*).

1933 (4. März) Der amerikanische Präsident (bis 1945) Franklin D. Roosevelt initiiert bei seinem Amtsantritt mit dem *New Deal* ein (nur teilweise erfolgreiches) Programm zur wirtschaftlichen Erholung der USA.

1933 In dem 1932 gegründeten Königreich Saudi-Arabien wird die *Arabian American Oil Company (ARAMCO)* gegründet. Das Land entwickelt sich in der Folge zum Hauptproduzenten von Erdöl.

1934 (30. Juni–2. Juli) Hitler lässt potentielle Opponenten in den eigenen Reihen und auch außerhalb ermorden («*Röhm-Putsch*»). Nach dem Tod des Reichspräsidenten v. Hindenburg am 2. August vereinigt der deutsche Diktator alle Macht in seiner Hand.

1934 (18. September) Die Sowjetunion wird in den *Völkerbund* aufgenommen und damit definitiv international anerkannt.

1935 (16. März) Deutschland hebt die Rüstungsbeschränkungen des *Versailler Vertrages* auf und führt die allgemeine Wehrpflicht ein. Von den Westmächten wird dies faktisch geduldet.

1935 (22. März) In Deutschland wird erstmals ein Fernsehprogramm ausgestrahlt. In Großbritannien folgt man damit 1936, in den USA erst 1941. Den Durchbruch erzielt das neue Medium jedoch erst in den 50er Jahren.

1935 (15. September) Mit den *Nürnberger Gesetzen* treten in Deutschland rechtlose Ausnahmebestimmungen gegen Juden in Kraft.

1935 (Oktober) Die *Rote Armee* der Kommunistischen Partei Chinas erreicht unter der Führung von Mao Zedong (*1893, † 1976) nach dem *Langen Marsch* die nordwestliche Provinz Shaanxi und entgeht so der Vernichtung durch die Truppen der *Guomindang* unter General Chiang Kai-shek (Jiang Jieshi; *1887, † 1975).

1936 (18. Juli) Mit einem Putsch unter General Francisco Franco (*1892, † 1975) beginnt in Spanien der Bürgerkrieg gegen die linke Regierung, den die Nationalisten 1939 für sich entscheiden. Franco regiert das Land fortan bis zu seinem Tode diktatorisch.

1936 (Oktober/November) Deutschland schließt Bündnisverträge mit Italien und Japan.

1937 Japanische Verbände beginnen einen offenen Aggressionskrieg gegen China und besetzen weite Teile des Landes. *Guomindang* und Kommunisten bilden daraufhin ein Zweckbündnis, das 1945 nach der japanischen Kapitulation zerbricht.

1938 (12. März) Österreich wird nach einem Truppeneinmarsch vom Deutschen Reich annektiert («*Anschluss*»).

1938 (29. September) Mit dem *Münchner Abkommen*, dem neben Italien auch Frankreich und Großbritannien beitreten, wird die Tschechoslowakei gezwungen, das Sudetenland an das Deutsche Reich abzutreten.

1938 (9. November) Hitler und sein Propagandaminister Goebbels inszenieren in der sogenannten *Reichskristallnacht* ein Pogrom gegen Juden und jüdische Einrichtungen in Deutschland.

1938 (Ende) Der deutsche Chemiker Otto Hahn (*1879, † 1968) entdeckt zusammen mit Fritz Straßmann die Spaltung von Urankernen bei Neutronenbestrahlung.

1939 Nach Abschluss eines Nichtangriffspaktes mit der Sowjetunion (23. August) entfesselt der deutsche Diktator Hitler mit dem Angriff auf Polen am 1. September den *Zweiten Weltkrieg* – den (vorerst) letzten Krieg um die Hegemonie in Europa. Großbritannien und Frankreich erklären Deutschland in Erfüllung ihrer Bündnisverpflichtungen gegenüber Polen den Krieg. Die *Wehrmacht* besetzt Polen, das als *Generalgouvernement* dem Deutschen Reich angegliedert wird. Ostpolen wird gleichzeitig von sowjetischen Verbänden besetzt.

Die Schleswig-Holstein beschießt die Westerplatte bei Danzig; Photo 1939.

1940 (April–Juni) Die deutsche Wehrmacht besetzt Dänemark, Norwegen, die Niederlande, Belgien, Luxemburg und schließlich auch Frankreich.

1940 (10. Mai) In Großbritannien bildet der Konservative Winston Churchill (*1874, † 1965) mit der *Labour Party* ein Kabinett der nationalen Einheit, um den Widerstand gegen die deutsche Aggression zu forcieren. Tatsächlich scheitert der Versuch Hitlers, Großbritannien aus der Luft niederzuringen, in der *Battle of Britain*.

1940 (16. Juni) Im besiegten Frankreich bildet Marschall Pétain eine Regierung, die mit den Deutschen kollaboriert. Derweil ruft der ins Exil ausgewichene General de Gaulle (*1890, † 1970) zum Widerstand gegen die deutsche Besetzung auf.

1941 (6. April) Deutsche Verbände, die seit Februar auch schon in Nordafrika operieren, greifen Jugoslawien und Griechenland an.

1941 (22. Juni) In einem Überraschungsangriff überfällt die deutsche Wehrmacht auch die Sowjetunion und erzielt dort große Anfangserfolge. Großbritannien und die USA schließen daraufhin ein Beistandsabkommen mit Stalin.

1941 (7. Dezember) Mit dem Überfall auf die amerikanische Flotte in Pearl Harbor (Hawaii) tritt Japan in den Krieg ein. Das Deutsche Reich erklärt am 11. Dezember auch den USA den Krieg.

1941 Der deutsche Ingenieur Konrad Zuse (*1910, † 1995) entwickelt mit dem *Z3* den ersten programmgesteuerten Rechner in Relaistechnik – den Vorläufer des Computers.

1942 (20. Januar) Bei der *Wannsee-Konferenz* wird den Vertretern der obersten deutschen Reichsbehörden die «*Endlösung der europäi-*

schen Judenfrage» bekanntgegeben. Dem durch den nationalsozialistischen Rassenwahn motivierten industriellen Massenmord fallen in den nachfolgenden Jahren Millionen von Juden zum Opfer und darüber hinaus auch ungezählte Menschen anderer Herkunft.

1942 (Juni) Japan, dessen Truppen in kurzer Zeit bis nach Neuguinea und Burma vordringen, gerät bereits im ersten Kriegsjahr in die Defensive (Seeschlacht bei den Midway-Inseln, Landung der Amerikaner auf Guadalcanal).

1942 Der italienische Physiker Enrico Fermi (*1901, † 1954) baut in den USA den ersten Kernreaktor. Bei Kriegsende sind die USA noch die einzige Atommacht der Erde. Atomwaffen bauen später aber auch die Sowjetunion (1949), Großbritannien (1952), Frankreich (1960) und China (1964).

1943 (14.–24. Januar) Auf der *Konferenz von Casablanca* legen sich der amerikanische Präsident Roosevelt (1933–1945) und der britische Premierminister Churchill (1940–1945) darauf fest, den Krieg bis zur *bedingungslosen Kapitulation* Deutschlands, Italiens und Japans fortzuführen.

1943 (2. Februar) Die *Schlacht bei Stalingrad* endet mit einem Triumph der *Roten Armee*. Der deutsche Reichspropagandaminister Goebbels propagiert daraufhin den «totalen Krieg».

1943 (25. Juli) In Italien wird Mussolini abgesetzt, später jedoch von den Deutschen befreit, um im Norden Italiens seine Herrschaft fortzusetzen. Der König und sein neuer Regierungschef begeben sich derweil in das Lager der Alliierten im Süden Italiens, das damit faktisch geteilt wird.

1943 (28. November–1. Dezember) Auf der Konferenz der *Großen Drei* (Roosevelt, Stalin, Churchill) in Teheran werden die Grundzüge einer Nachkriegsordnung in Europa fixiert: Die *Curzon-Linie* wird als Ostgrenze Polens, die *Oder-Neiße-Linie* als dessen Westgrenze in Aussicht genommen.

1944 (4./6. Juni) Die Alliierten durchbrechen die Monte Cassino-Front und erobern Rom, gleichzeitig eröffnen sie durch eine Landung in der Normandie die von der Sowjetunion schon lange geforderte zweite Front im Kampf gegen die deutsche Wehrmacht.

1944 (20. Juli) Hitler überlebt ein Attentat des Grafen Claus Schenk von Stauffenberg leicht verletzt. Damit scheitert der Versuch konservativer Kreise, das Deutsche Reich durch die Beseitigung seines Diktators zu retten.

1944 (23. Juli) In Bretton Woods (USA) wird ein neues Weltwährungssystem eingerichtet, in dem der US-Dollar als Leitwährung dient.

1944 (26. August) Nach dem Einzug in Paris bildet General Charles de Gaulle (*1890, † 1970) – der Führer der französischen *Résistance* – eine provisorische Regierung.

1945 (4. –11. Februar) Zweite Konferenz der *Großen Drei* in Jalta auf der Krim: Stalin verspricht, in den Krieg gegen Japan einzutreten. Gegen seinen Widerstand wird Frankreich an der Besetzung Deutschlands beteiligt. Die bipolare Struktur der Nachkriegsordnung, die Aufteilung Europas in je eine amerikanische und eine sowjetische Einflusssphäre bei äußerlicher Aufrechterhaltung des Großmachtstatus von Großbritannien und Frankreich, zeichnet sich ab.

1945 (30. April) Hitler begeht Selbstmord, während die *Rote Armee* Berlin erobert. Mussolini wird am 28. April auf der Flucht in die Schweiz erschossen.

1945 (7. Mai) Die deutschen Streitkräfte kapitulieren in Reims vor den Amerikanern, am 8. Mai in Berlin-Karlshorst vor den Russen. Deutschland wird vollständig besetzt und in je eine amerikanische, russische, britische und französische Zone aufgeteilt.

1945 (26. Juni) In San Francisco werden die *Vereinten Nationen* (UNO) begründet, deren Charta von 51 Staaten unterzeichnet wird.

1945 (17. Juli–2. August) Auf der *Potsdamer Konferenz* einigen sich die *Großen Drei* auf wesentliche Grundsätze der Behandlung Nachkriegsdeutschlands (Entmilitarisierung, Entnazifizierung, Demokratisierung). Die millionenfache Vertreibung der Deutschen aus dem Osten wird auch von den Westmächten gebilligt.

1945 (6. /9. August) Als erste (und bislang einzige) Nation setzen die USA im Krieg gegen Japan Atomwaffen ein (Bombardierung von

Hiroshima und Nagasaki). Japan kapituliert daraufhin am 2. September.

1945 (2. September) Ho Chi Minh (*1890, † 1969), Führer der vietnamesischen Kommunisten, proklamiert nach der Niederlage Japans die Unabhängigkeit Vietnams; sie wird von der ehemaligen Kolonialmacht Frankreich jedoch nicht anerkannt und muss bis 1954 erst mit Waffengewalt erkämpft werden.

1946 Die USA und Großbritannien vereinigen ihre Besatzungszonen in Deutschland zur *Bizone* – Keimzelle der späteren Bundesrepublik.

1947 (5. Juni) In einer Rede kündigt der amerikanische Außenminister ein von den USA finanziertes Programm zum wirtschaftlichen Wiederaufbau Europas an (*Marshall-Plan*), das 1948 tatsächlich anläuft.

1947 (15. August) Beginn der Dekolonisation: Großbritannien entlässt Indien – freilich geteilt in einen muslimischen (Pakistan; Republik 1956) und einen hinduistischen Staat (Indische Union; Republik 1950; Ministerpräsident Jawaharlal Nehru 1947–1964) – in die Unabhängigkeit.

1948 (14. Mai) Einen Tag vor Ablauf des britischen UN-Mandats für Palästina wird Israel gemäß dem Teilungsplan der UNO als jüdischer Staat auf 77% der Fläche des Landes begründet. Es behauptet sich im nachfolgenden Palästinakrieg (Waffenstillstand 1949).

1948 (20. Juni) Die Alliierten verfügen eine Währungsreform in den Westzonen Deutschlands, um die Wirtschaft wieder in Gang zu bringen. Als Reaktion darauf verhängt die Sowjetunion eine erst 1949 wieder aufgehobene Blockade West-Berlins, die durch eine Luftbrücke überwunden werden muss.

1948 (August/September) In Korea werden zwei Staaten proklamiert: die Republik Korea im Süden (Südkorea) und eine kommunistische Volksrepublik im Norden (Nordkorea), die durch eine Grenze entlang des 38. Breitengrads getrennt sind.

seit 1948 In Südafrika wird mit der Verwirklichung eines Programms zur systematischen Rassentrennung (*Apartheid*) begonnen (u. a. Verbot von Mischehen, 1949).

1949 (4. April) In Washington wird die *NATO* als militärisches Verteidigungsbündnis unter amerikanischer Führung begründet. Ihm gehören neben den USA und Kanada die meisten westeuropäischen Länder an.

1949 (24. Mai) In Westdeutschland tritt das vom *Parlamentarischen Rat* seit 1948 erarbeitete Grundgesetz in Kraft. Damit ist die *Bundesrepublik Deutschland* konstituiert. Erster Regierungschef einer bürgerlichen Regierung wird am 15. September (bis 1963) Konrad Adenauer (*1876, † 1967).

1949 (1. Oktober) Nach langem Bürgerkrieg im Gefolge der japanischen Kapitulation siegen die Kommunisten in China, das von Mao Zedong († 1976) zur Volksrepublik erklärt wird. Chiang Kai-Shek († 1975) flieht mit den Resten der *Guomindang*-Truppen auf die erst 1945 von japanischer Herrschaft befreite Insel Taiwan und errichtet dort 1950 die *Republik China*.

1949 (7. Oktober) In der sowjetischen Besatzungszone Deutschlands wird die *Deutsche Demokratische Republik (DDR)* begründet.

1950 (9. Mai) Der französische Außenminister Robert Schuman schlägt die Schaffung einer Kontrollbehörde für die Erzeugung von Kohle und Stahl in Frankreich und der Bundesrepublik vor (*Schuman-Plan*).

1950 (25. Juni) Mit dem Angriff nordkoreanischer Truppen auf Südkorea beginnt der *Korea-Krieg*. Zur Abwehr entsendet die UNO Truppen (in der Hauptsache Amerikaner), die im Gegenzug bis zur chinesischen Grenze vorstoßen, ihrerseits aber wieder von chinesischen Verbänden nach Süden zurückgedrängt werden. Der Krieg endet 1953 praktisch auf der Basis des Status quo ante.

1953 (5. März) Mit dem Tod von Parteichef (seit 1922) Stalin endet in der Sowjetunion eine Ära. Den Kampf um die Nachfolge gewinnt Nikita Chruschtschov (1953–1964).

1953 (17. Juni) In verschiedenen Städten der DDR kommt es zu spontanen Streiks und Demonstrationen. Sowjetische Truppen schlagen den Aufstand nieder. In der Bundesrepublik Deutschland wird der Tag nachfolgend bis zur Wiedervereinigung 1990 als Nationalfeiertag begangen.

1955 (18.–24. April) Auf der ersten Konferenz der blockfreien Staaten in Bandung (Indonesien) werden die vollständige Beseitigung der europäischen Kolonialherrschaft und die Anerkennung der Gleichwertigkeit der Rassen gefordert.

1955 (9. Mai) Die Bundesrepublik Deutschland wird als nunmehr souveräner Staat mit eigener Streitmacht Mitglied der NATO. Am 15. Mai wird auch Österreich (freilich anders als Deutschland ungeteilt) souverän.

1956 (31. Oktober) Wegen der Verstaatlichung des Suez-Kanals greifen Großbritannien und Frankreich Ägypten an; sie müssen sich indes schon nach wenigen Tagen zurückziehen. Es erweist sich, dass europäische Mächte nicht länger in der Lage sind, eigenständig zu operieren.

1956 (4.–11. November) In Ungarn wird ein Volksaufstand gegen die kommunistische Herrschaft von sowjetischen Truppen blutig niedergeschlagen.

1957 (25. März) In Rom werden die Verträge zur Gründung der *Europäischen Wirtschaftsgemeinschaft (EWG)* und der *Europäischen Atomgemeinschaft (EURATOM)* von den Regierungschefs Frankreichs, Italiens, der Bundesrepublik Deutschland und der Benelux-Länder unterzeichnet.

1957 (4. Oktober) Die Sowjetunion schießt mit dem *Sputnik* den ersten künstlichen Erdsatelliten ins All und löst damit im Westen einen regelrechten Schock aus.

1959 In Kuba siegt die Revolution. Fidel Castro (*1926, † 2016) wird neuer Machthaber. Ein Versuch von Exilkubanern, ihn mit amerikanischer Hilfe zu stürzen, scheitert 1961 in der Schweinebucht.

1960 Im «Jahr Afrikas» werden viele europäische Kolonien – v. a. französische – in die Unabhängigkeit entlassen.

1961 (12. April) Die Sowjetunion startet den ersten bemannten Raumflug mit dem Kosmonauten Juri Gagarin (*1934, † 1968).

1961 (13. August) Die Führung der DDR lässt in Berlin eine Mauer errichten, um die Massenflucht aus ihrem Staatsgebiet zu unterbinden. Der Versuch ihrer Überwindung fordert in der Folge viele Opfer.

1962 In der Kuba-Krise gerät die Welt an den Rand eines Atomkrieges. Die Gefahr ist erst gebannt, als die Sowjetunion ein amerikanisches Ultimatum akzeptiert und ihre kurz zuvor auf Kuba errichteten und die USA unmittelbar bedrohenden Raketenstellungen wieder räumt.

1963 (22. Januar) Staatspräsident de Gaulle (1959–1969) und Bundeskanzler Adenauer (1949–1963) unterzeichnen das deutsch-französische Freundschaftsabkommen – Basis und Achse der europäischen Integrationspolitik in den folgenden Jahrzehnten.

John F. Kennedy:
«Ich bin ein Berliner.»;
Photo: 26.6.1963.

1963 (22. November) In den USA wird Präsident (seit 1961) John F. Kennedy (*1917) Opfer eines bis heute nicht geklärten Attentats.

1965 Die USA entsenden erstmals Kampftruppen nach Süd-Vietnam zur Unterstützung im Krieg gegen den von Nord-Vietnam unterstützten kommunistischen *Vietcong.*

1967 (5.–10. Juni) Im Sechstage-Krieg erobert Israel den Sinai, die Golanhöhen sowie die Reste Palästinas (*Westbank* und Gaza).

1967 (3. Dezember) Der südafrikanische Chirurg Christiaan Barnard (*1922, † 2001) führt in Kapstadt die erste erfolgreiche Herztransplantation am Menschen durch.

1968 (Mai) Mit massiven Studentenunruhen in Paris, die zeitweilig auch die Arbeiterschaft erfassen, erreicht die (auch durch den Vietnamkrieg angeheizte) *68er-Bewegung* in der westlichen Welt ihren Höhepunkt.

1968 (21. August) Truppen des *Warschauer Paktes* ersticken den Prager Frühling. Unter massivem Druck Moskaus muss die tschechoslowakische Führung ihre Reformmaßnahmen zurücknehmen.

1969 (21. Juli) Die US-*Astronauten* Neil Armstrong und Edwin Aldrin betreten als erste Menschen den Mond.

1969 (21. Oktober) *Machtwechsel* in der Bundesrepublik: Willy Brandt (*1913, † 1992) wird neuer Bundeskanzler (bis 1974) an der Spitze einer sozialliberalen Koalition.

1972 (21.–28. Februar) Richard Nixon besucht als erster Präsident der USA (1969–1974) die Volksrepublik China und initiiert damit den Bruch des bipolaren Weltsystems.

1972 (17. Mai) Im Deutschen Bundestag werden der *Moskauer* und der *Warschauer Vertrag* ratifiziert. Noch im selben Jahr wird auch ein Vertrag zwischen der Bundesrepublik und der DDR unterzeichnet. Im Folgejahr werden beide deutsche Staaten in die UNO aufgenommen; die DDR erlangt internationale Anerkennung.

1973 (1. Januar) Großbritannien, Irland und Dänemark werden Mitglieder der *Europäischen Gemeinschaft*.

1973 (12. März) Der Dollarkurs wird freigegeben und schwankt seither im Wert gegen die anderen Währungen, was zeitweise beträchtliche Spannungen im internationalen Finanz- und Handelssystem hervorruft.

Südvietnamesische Soldaten folgen fliehenden Kindern nach einem amerikanischen Napalmangriff; Bildausschnitt, 1972.

1973 (6.–25. Oktober) Im *Yom-Kippur-Krieg* gerät Israel nach einer Offensive seiner arabischen Nachbarn erstmals militärisch in Bedrängnis, doch kann es seine Position behaupten. Die dem Krieg folgende *erste Ölpreisrevolution* führt überall in der Welt zu ökonomischen Schwierigkeiten und sozialen Konflikten, die 1974 auch zum

Sturz zahlreicher Regierungen (u. a. Bundesrepublik, USA, Äthiopien) und Diktaturen (u. a. Portugal, Griechenland) beitragen.

1975 (30. April) Mit der Einnahme Saigons beendet der kommunistische *Vietcong* den Vietnamkrieg siegreich. Nord- und Südvietnam werden 1976 wiedervereinigt.

1975 (1. August) Die *KSZE* endet mit der Unterzeichnung der *Schlussakte von Helsinki*. Als Höhe- und Endpunkt der Entspannungspolitik zwischen Ost und West regelt sie einen umfassenden Gewaltverzicht und die Anerkennung der bestehenden Grenzen.

1978 Mit Karol Wojtyła (*1920, † 2005) als Johannes Paul II.wird erstmals seit dem frühen 16. Jahrhundert ein Nichtitaliener zum Papst gewählt.

Frauen folgen einem Aufruf von Ajatollah Chomeini zur Demonstration; Photo: März 1986.

1979 Im Iran wird die Monarchie durch die *islamische Revolution* unter dem geistlichen Oberhaupt R. M. Chomeini († 1989) gestürzt. Schah (seit 1941) Reza Pahlewi geht ins Exil, wo er 1980 stirbt.

1982 An den Folgen des zweiten Ölpreisschocks scheitert die sozialliberale Koalition in der Bundesrepublik. Mit Helmut Schmidt wird erstmals ein Bundeskanzler (seit 1974) durch ein konstruktives Misstrauensvotum gestürzt. Helmut Kohl (*1930, † 2017) tritt an der Spitze eines bürgerlichen Kabinetts die Nachfolge an (bis 1998).

1985 In der Sowjetunion wird Michail Gorbatschov (*1931) neuer Parteichef. Unter den Stichworten *Glasnost* (= Transparenz) und *Perestrojka* (= Umgestaltung) leitet er eine Politik der Reformen ein, die freilich die Folgen einer langfristigen Überforderung der Volkswirtschaft nicht abwenden kann.

1986 Im ukrainischen Reaktor Tschernobyl ereignet sich die größte Katastrophe in der zivilen Nutzung der Kernkraft.

1989 (4. Juni) Auf dem Platz Tian'anmen in Beijing wird die hauptsächlich von Studenten getragene chinesische Oppositionsbewegung von Panzern niedergewalzt.

1989 (9. November) Die DDR öffnet in der Nacht die Grenzübergänge zur Bundesrepublik und nach West-Berlin, die sofort von Tausenden überschritten werden. Deutschland wird von einer nationalen Euphorie erfasst.

1990 Die neu begründeten Länder der DDR treten der Bundesrepublik Deutschland bei. Damit wird rascher als erwartet ein deutscher Nationalstaat wiederhergestellt.

1991 (28. Februar) Der *2. Golfkrieg* (seit 17. Januar) endet mit einer vollständigen Niederlage des irakischen Diktators (seit 1979) Saddam Hussein im Kampf mit der hauptsächlich aus amerikanischen und englischen Soldaten bestehenden UN-Truppe. Die Souveränität des von Saddam im August 1990 annektierten ölreichen Kuweit wird wiederhergestellt.

Demonstration in Ostberlin für eine Wiedervereinigung Deutschlands; Photo: 9.12.1989.

1991 (8. Oktober) Die Unabhängigkeitserklärung Sloweniens vom 25. Juni tritt in Kraft. Damit beginnt der völlige Zerfall Jugoslawiens, der in Kroatien und Bosnien-Herzegowina zu blutigen Konflikten führt, die bis 1995 andauern.

1991 (25. Dezember) Die Sowjetunion wird aufgelöst; das riesige russische Imperium zerfällt. Die bisherigen Unionsrepubliken (darunter Russland; seit 1992 Russische Föderation) erlangen volle Souveränität.

1992 (7. Februar) In Maastricht unterzeichnen die zwölf Mitgliedsstaaten der *EU* den Vertrag über die *Politische Union und die Wirtschafts- und Währungsunion*. Der europäische Einigungsprozess soll dadurch unumkehrbar gemacht werden.

1992 (17. Dezember) In Nordamerika wird die aus Kanada, den USA und Mexiko bestehende Freihandelszone *NAFTA* begründet, die zum 1. Januar 1994 in Kraft tritt.

Gorbatschow und Jelzin nach dem gescheiterten Putschversuch unter Führung des Geheimdienstes KGB; Photo: 23.8.1991.

1993 (1. Januar) In der *EU* tritt der Binnenmarkt in Kraft.

1994 (April/Mai) Im größten Genozid seit dem Zweiten Weltkrieg werden in Rwanda Hunderttausende Menschen (in der Mehrzahl Angehörige der Tutsi-Minderheit) hingeschlachtet, ohne dass die Weltgemeinschaft eingreift.

1994 (27. April) Mit dem Inkrafttreten einer neuen Verfassung und der Wahl von Nelson Mandela zum Präsidenten (bis 1999) endet das *Apartheid*-Regime in Südafrika. Die schwarze Bevölkerungsmehrheit erlangt volles Wahlrecht und politische Gleichberechtigung.

1994 (6. Mai) Der Eisenbahntunnel unter dem Ärmelkanal zwischen Frankreich und England wird feierlich eröffnet.

1995 Nach Griechenland (1981), Spanien und Portugal (1986) werden auch Österreich, Schweden und Finnland Mitglied der *Europäischen Union*.

Nelson R. Mandela; Portraitaufnahme um 1990.

1997 Mit der Übergabe Hongkongs an China verliert Großbritannien seine letzte wichtige Kolonie; das *British Empire* gehört endgültig der Vergangenheit an.

1999 (1. Januar) In den Mitgliedsstaaten der EU (mit Ausnahme Großbritanniens, Dänemarks, Schwedens und Griechenlands) wird der *EURO* als neue gemeinsame Währung eingeführt – vorläufig freilich nur als Zähleinheit parallel zu den einzelstaatlichen Währungen. Die Einführung des EURO als Bargeld in zwölf Ländern der EU (nun unter Einschluss Griechenlands) am 1. Januar 2002 verläuft nahezu reibungslos.

1999 (24. März) Wegen der Gefahr einer humanitären Katastrophe im Kosovo eröffnet die NATO unter Führung der USA mit deutscher Beteiligung einen Luftkrieg gegen Serbien bzw. Jugoslawien. Geschieht dies erstmals ohne Mandat der UNO, erteilt der *Sicherheitsrat* nach Beendigung der Angriffe mit Beschluss vom 10. Juni die Genehmigung, eine internationale Friedenstruppe (*KFOR*) im Kosovo zu stationieren.

2001 Ein offenbar von langer Hand geplanter und am 11. September mittels entführter Linienmaschinen ausgeführter terroristischer Angriff auf Ziele in New York (*World Trade Center*) und Washington, D.C. (*Pentagon*) fordert Tausende von Toten. Als Drahtzieher des Terrorakts macht die US-Regierung den saudi-arabischen Multimillionär und Islamisten Osama bin Laden namhaft. Im November wird das *Taliban*-Regime in Afghanistan, das Osama lange Unterschlupf gewährt hat, durch eine (völkerrechtlich umstrittene) konzertierte Militäraktion amerikanischer und britischer (Luft-)Einheiten im Verein mit Bodentruppen der oppositionellen afghanischen *Nord-Allianz* gestürzt. Eine in Bonn abgehaltene Konferenz bestimmt danach eine Übergangsregierung für Afghanistan, die am 22. Dezember ihre Arbeit in Kabul aufnimmt.

2003 Ohne Mandat der Vereinten Nationen oder sonstige völkerrechtliche Legitimation beseitigen Truppen der USA und Großbritanniens im Verein mit einer «Koalition der Willigen» gegen den Widerstand insbesondere Frankreichs, Russlands und Deutschlands in einem kurzen Angriffskrieg das Regime von Saddam Hussein im Irak, ohne das Land freilich wirklich zu befrieden. Die nach dem Zweiten Weltkrieg unter maßgeblicher Beteiligung der USA errichtete Rechtsordnung der internationalen Gemeinschaft wird dadurch in ihren Grundfesten erschüttert.

2005 Mit der Wahl von Angela Merkel (CDU) zur Bundeskanzlerin tritt erstmals eine Frau an die Spitze einer deutschen Regierung.

2008 (15. Sept.) Mit dem Insolvenzantrag der amerikanischen Bank Lehman Brothers beginnt eine weltweite Finanz- und Bankenkrise.

2008 (4. Nov.) Mit Barack Obama (Demokraten) wird erstmals ein Afroamerikaner zum Präsidenten der Vereinigten Staaten gewählt. Er tritt sein Amt am 20. Jan. 2009 an und wird im November 2012 wiedergewählt (2. Amtsantritt am 20. Jan. 2013).

2010 Durch die drohende Staatspleite Griechenlands im Gefolge der internationalen Finanzkrise gerät auch die Gemeinschaftswährung EURO in eine Krise. Zu deren Bewältigung spannt die EU gewaltige «Rettungsschirme». Nach Griechenland sind bald auch Portugal, Irland und Zypern auf massive Finanzhilfen aus diesen Kreditzusagen angewiesen.

2011 Nach wochenlangen Unruhen beginnt mit dem Sturz des tunesischen Präsidenten Ben Ali im Januar der «Arabische Frühling», der nacheinander auch die Regime von Hosni Mubarak in Ägypten (Februar), Muammar al-Gaddafi in Libyen († 20. Oktober) und Ali Abdullah Saleh im Jemen (November) hinwegfegt. Im August beginnt ein Aufstand in Syrien zum Sturz von Bashir al-Assad, der rasch zu einem bis in die Gegenwart andauernden Bürgerkrieg eskaliert, in den bald auch ausländische Mächte involviert sind.

2013 (28. Februar) Erstmals seit 1294 verzichtet mit Benedikt XVI. (Papst seit 2005 = Joseph Ratzinger aus Deutschland) ein Papst auf sein Amt. Nachfolger wird der Erzbischof von Buenos Aires, Jorge Mario Bergoglio, der den bis dahin von Päpsten noch nie geführten Namen Franziskus annimmt.

2013 (14. Juni) In den USA wird Anklage wegen Geheimnisverrats gegen den ehemaligen Geheimdienstmitarbeiter Edward Snowden erhoben, weil dieser die Weltöffentlichkeit über die Ausspähmethoden des amerikanischen (NSA) und des britischen Geheimdienstes – auch gegenüber Verbündeten wie Deutschland – informiert hatte. Snowden setzt sich über Hongkong nach Moskau ab, wo er am 1. August eine Aufenthaltsgenehmigung erhält. Sein Antrag auf Asyl in Deutschland wird abgelehnt. Nachfolgende Initiativen (auch Deutschlands), Auskunft über den Umfang der amerikanischen Ausspähungen sowie Garantien für deren Beendigung zu erlangen, bleiben ohne greifbare Ergebnisse.

2014 Der Sturz des prorussischen Präsidenten der Ukraine durch den Volksaufstand des *Majdan* in Kiew führt zur Abspaltung der Krim und des Donbass von der Ukraine. Während die 1783 von Katharina der Großen «auf ewig» mit Russland verbundene und erst 1954 der Ukrainischen SSR angegliederte Krim mit ihrer mehrheitlich russischen Bevölkerung von der Russischen Föderation annektiert wird, erklären die gleichfalls mehrheitlich russischsprachigen ukrainischen Gebiete Donezk und Lugansk ihre Unabhängigkeit. Daraus erwächst ein bis heute anhaltender militärischer Konflikt. Der Westen reagiert auf diese Entwicklungen mit Sanktionen gegenüber der Russischen Föderation.

2015 Der Bürgerkrieg in Syrien und die Ausrufung eines *Islamischen Staats* als «Kalifat» im Norden von Syrien und dem Irak am 29. Juni 2014 löst eine Fluchtbewegung von Millionen Menschen aus, die über die Türkei, die Ägäis und die «Balkanroute» auch Mittel- und Nordeuropa erreicht. Aufnahme und Integration dieser Menschen stellen Regierungen und Behörden – insbesondere in den Hauptaufnahmeländern Deutschland, Schweden und Österreich – vor schier unlösbare Probleme. Sie sind Hauptgrund für den massiven Auftrieb, den populistische Bewegungen und Parteien in vielen europäischen Ländern erhalten – auch und gerade in Italien als dem Hauptaufnahmeland für afrikanische Flüchtlinge über die seit dem Sturz Gaddafis in Libyen faktisch offene Mittelmeerroute.

2016 Bei einer Beteiligung von 72,2 % der Wahlberechtigten votieren 51,9 % der Briten für einen Austritt («Brexit») aus der EU, 48,1 % für den Verbleib. Nach langwierigen Verhandlungen mit der EU und heftigen Auseinandersetzungen im britischen Unterhaus wird der Austritt freilich erst am 31. Januar 2020 vollzogen.

2017 Am 20. Januar tritt der Republikaner Donald Trump (*1946) mit einer das politische Establishment frontal angreifenden Inaugurationsrede das Amt des Präsidenten der Vereinigten Staaten an. Mit seiner von überraschenden Wendungen gekennzeichneten *America-first-Politik* setzt er nachfolgend auch außenpolitisch kräftige Akzente – so mit der Kündigung des Pariser Klimaschutzabkommens, des multilateralen Iran-Abkommens und de facto auch der NAFTA sowie 2018 mit der Verlegung der US-Botschaft in Israel von Tel Aviv

nach Jerusalem und den Treffen mit dem nordkoreanischen Machthaber Kim Jong-un.

2018 Die Ankündigung (und teilweise auch Erhebung) von Strafzöl-
len seitens der USA gegenüber Europa und China beschwört die Gefahr von Handelskonflikten herauf, die Märkte und Börsen verunsi-
chern.